KB203905

신명기를 알면 축복이 보인다

신명기

서 문

신명기의 히브리어 성경의 제목은 '엘레 하드바림'입니다. 히브리어 성경 첫 두 글자로 '이것이 말씀들이다'라는 뜻입니다. 히브리어 전통을 따른 첫 두 글자임에도 불구하고 신명기 주제를 가장 잘 표현하였습니다. 한편, 책 내용의 중심 사상이 담긴 단어를 책의 제목으로 삼는 칠십인역에서는 신명기 17장18절의 '등사본'을 '두 번째 율법'으로 번역하였습니다. 곧 토라의 복사를 칠십인역에서는 '두 번째 율법'이라는 뜻으로 '도이테로노미온'이라 하였고 이것이 불가타와 영어 성경에 이르고 오늘날 한글 성경은 칠십인역 성경을 중국식으로 의역한 것을 따라 '명령을 거듭 말하는 책'[1]이라는 '신명기(申命記)'라 하였습니다.

출애굽의 세 사람의 주역이 되는 모세의 누이 미리암은 출애굽 40년 첫째 달에 가데스에서 죽고(민 20:1), 형 아론은 같은 해인 출애굽 40년 다섯째 달 초하루에 호르 산에서 죽었습니다(민 20:22-29, 33:38-39). 이제 남은 모세는 출애굽 40년 11월 첫째 날에 그의 마지막 사역으로 세 편의 설교를 시작합니다(신 1:3). 이는 자신의 죽음을 앞둔 유작으로서 세 편의 설교가 됩니다. 모세는 출애굽 40년 11월 이후 어느 날 느보 산에서 죽었습니다. 그러나 모세는 기력이 다하거나, 병들어 죽지 않았습니다(신 34:7).

---

1) 성주진, 『사랑의 마그나카르타』(수원: 합동신학대학원출판부, 2005), 18쪽.

그는 자신의 사역을 마치고 죽었으며, 그의 죽음조차 하나님의 뜻을 이루기 위한 사역이 되었습니다.

신명기의 중심 내용은 크게 세 부분으로 나누어져 있습니다. 곧 모세의 세 편의 고별 설교로 신명기 1장1-4장43절은 출애굽 이후 지금까지의 과거를 회상하며 말씀 준수를 촉구합니다. 다음으로 신명기 4장44-26장은 십계명을 시작으로 하여서 율법의 원리와 목적(4장44절-11장)과 더불어 세부적인 율법의 내용들에 관하여 전합니다(12-26장). 마지막으로 27-30장은 미래적으로 축복과 저주를 선포하며 말씀에 대한 순종을 다시 한번 촉구합니다. 곧 신명기는 그 히브리어 제목이 밝히는 바와 같이 첫째도 말씀이요, 둘째도 말씀이요, 셋째도 말씀인 것입니다. 이는 과거 현재 미래적인 말씀이며 모든 시대에 관하여 말씀에 관하여 강조하는 것입니다.

신명기의 직접적인 독자들로서는 출애굽 이후 세대인 광야 세대를 대상으로 합니다. 출애굽 한 세대와 맺은 언약이 시내산 언약이라면 광야 세대와 또 다른 언약인 모압 언약을 맺게 됩니다. 이는 두 번째 율법이라고 말한 칠십인역의 해석과 같이 신명기는 새로운 세대와 새로운 언약을 맺는 것입니다. 그러나 새로운 언약은 이전의 언약에 대한 '등사'나 '복사'와 같은 의미의 두 번째 언약일 뿐이며 더 나아가 이 언약은 그들 광야 세대뿐만 아니라 모든 세대와 맺은 언약이 되는 것입니다.

곧 '시내산 언약'은 과거 출애굽 세대와 맺은 언약이 아닌 지금 광야 세대와 맺은 언약입니다.

"이 언약은 여호와께서 우리 조상들과 세우신 것이 아니요 오늘 여기 살아 있는 우리 곧 우리와 세우신 것이라"(신 5:3)

더 나아가 '모압 언약'은 지금 광야 세대와만 맺은 언약이 아닌 이후의 모든 세대와 맺은 언약이 됩니다.

"내가 이 언약과 맹세를 너희에게만 세우는 것이 아니라 오늘 우리 하나님 여호와 앞에서 우리와 함께 여기 서 있는 자와 오늘 우리와 함께 여기 있지 아니한 자에게까지이니"(신 29:14-15)

광야 생활을 마치고 가나안 진입을 앞선 이 새로운 세대는 변화 앞에 서 있습니다. 그들은 이 광야 생활을 마치고 가나안의 풍요로운 삶을 맞게 될 것입니다. 이전의 삶의 방식과 전혀 다른 삶의 방식을 살아가게 될 것입니다. 그들은 광야 생활 동안 하늘의 만나를 먹으며 하늘의 은혜를 받으며 살았으나 이제 가나안에서는 이 땅에 풍요로움을 얻게 될 것입니다. 이는 또 다른 위기가 됩니다. 곧 그들 가운데 있는 풍요로움으로 하나님을 잊을 위기가 되는 것입니다. 참된 복은 세상의 부요함이 아닌 말씀을 붙듦에 있는 것입니다. 우리가 그 말씀을 붙들 때에 하늘의 신령한 것과 땅의 기름진 것에 대한 약속이 있는 것입니다.

"보라 내가 오늘 생명과 복과 사망과 화를 네 앞에 두었나니 곧 내가 오늘 네게 명령하여 네 하나님 여호와를 사랑하고 그 모든 길로 행하며 그의 명령과 규례와 법도를 지키라 하는 것이라 그리하면 네가 생존하며 번성할

것이요 또 네 하나님 여호와께서 네가 가서 차지할 땅에서 네게 복을 주실 것임이니라"(신 30:15-16)

복은 세 관계 가운데 확인할 수 있습니다. 첫째, 복은 하나님과의 관계에서 그분의 뜻이 이루어질 때 복된 삶입니다(신 28:1). 아무리 부요하다고 할지라도 하나님의 뜻과 반한다면 이는 복된 삶이 될 수 없습니다. 둘째, 복은 자신과의 관계에서 자족할 때에 복된 삶입니다(빌 4:11-12). 아무리 부요하고 할지라도 자족하지 못한 자는 늘 탐욕에 사로잡힐 수밖에 없습니다. 셋째, 복은 다른 사람과의 관계에서 다른 사람을 복되게 할 때에 복된 삶입니다(창 12:3). 아무리 부요하다고 할지라도 다른 사람을 어렵게 하는 자의 삶은 복된 삶이 될 수 없습니다. 보다 근본적으로 하나님의 말씀이 하나님의 뜻을 알게 하시며, 우리들을 자족하게 하며, 섬김을 배우게 합니다. 하나님의 말씀은 우리들을 축복된 삶으로 이끕니다.

신명기(申²)命記)를 신명기(神命記)로 알고 있는 사람들, 왜 신명기의 영어 제목이 Deuteronomy인지 알지 못하는 이들, 신명기를 정글로만 여겨졌던 이들에게 이 작은 책이 신명기 안에서 '축복'을 발견하는 보물섬이 될 것을 기대합니다.

---

2) 거듭, 되풀이하여

차 례

제4부   제3설교(27-30장)

제5부   결론(31-34장)

신명기의 구조

제1설교(1:1-4:43)				제2설교:율법 준수의 원리와 목적 (4:44-11장)					
제1부: 과거-경험				제2부: 현재-율법					
1세대	2세대(광야세대)			원리	1계명	2계명	회상1	회상2	결단
가데스 바네아 사건의 회고	정복 금지된 세 족속	요단 동편의 정복	첫 번째 설교의 결어	십계명	쉐마 이스라엘	우상을 진멸하라	기억하라	자만의 경계	복과 저주
1장	2장	3장	4장	5장	6장	7장	8장	9장	10-11장

제2설교: 세부적인 율법(12-26장)														
제3부: 현재-율법														
1계명	2계명	3계명	4계명		5계명		6계명		7계명			8계명	9계명	10계명
중앙 성소 규례	우상 숭배 경고	여호와의 성민	안식년 규례	이스라엘의 3대 절기	사회 정치 지도자에 관한 규례	종교 지도자에 관한 규례	도피성 규례	전쟁에 관한 규례	구속의 은혜에 의한 성결	은혜의 응답으로서의 성결	공동체의 성결	공동체 내의 약자 보호	공정성을 위한 규례	하나님께 감사하라
12장	13장	14장	15장	16장	17장	18장	19장	20장	21장	22장	23장	24장	25장	26장

제3설교(27-30장)				결론(31-34장)			
제4부: 미래-약속				제5부: 전수			
의식	말씀	언약	촉구	격려	노래	축복	죽음
축복과 저주 의식	축복과 저주	모압 언약	회개의 촉구	모세의 마지막 사역	모세의 노래	모세의 축복	모세의 죽음
27장	28장	29장	30장	31장	32장	33장	34장

신명기

제1부

제1설교
(1장-4장43절)

PART

01

가데스 바네아 사건의 회고
1장1~46절

Key Point

모세는 자신의 죽음을 앞에 두고 가나안의 새로운 주역이 될 이스라엘의 새로운 세대에게 지나온 하나님의 구원의 역사를 회고하며 하나님의 말씀에 순종해야 할 것을 가르칩니다. 이번 장은 신명기의 세 편이 설교 중 그 첫 번째 설교의 도입으로 특별히 가데스 바네아 사건으로 인한 구세대의 가나안 입성의 거절을 중심으로 하여 새로운 세대에게 믿음의 경종을 울리고 있습니다.

신명기는 구약의 사도행전이며, 구약의 로마서적인 의미를 가집니다. 곧 신명기는 신명기가 속한 율법서와 역사서, 예언서를 잇는 다리 역할[3]을 하는 면에 있어서 신약의 복음서와 서신서를 잇는 사도행전적인 위치를 가치며, 바울의 제3차 여행의 고린도에서 로마서가 바울의 마지막 유작이 될 것을 예견한 상태에서 기록된 만큼 자신의 죽음을 앞둔 모세의 마지막 설교로 구성된 신명기는 구약의 로마서의 가치를 가집니다.

신명기는 모세의 3편의 설교로 구성되어 있습니다.

첫 번째 설교: 1장1-4장43절
두 번째 설교: 4장44-26장19절
세 번째 설교: 27장1-30장20절
결론: 31장1-34장12절

각각의 설교는 과거와 현재와 미래를 바탕으로 기록되었으며 과거와

---

3) 장일선, 『대한기독교서회 창립 100주년 기념 성서주석: 신명기』(서울: 기독교서회, 1993), 11쪽.

관련된 첫 번째 설교는 그들의 '경험'을 기초하며, 현재와 관련된 두 번째 설교는 하나님의 '말씀'(율법)에 기초하며, 미래와 관련된 세 번째 설교는 축복과 저주의 말씀으로 하나님의 '약속'에 기초합니다.

모세의 설교	본문	특징
첫 번째 설교	신 1장1-4장43절	과거적, 경험에 기초
두 번째 설교	신 4장44-26장19절	현재적, 말씀에 기초
세 번째 설교	신 27장1-30장20절	미래적, 약속에 기초

　신명기 1장에서 모세는 먼저 한 세대 이전에 있었던, 지금 설교를 듣는 자들 이전의 세대와 관련된 말씀으로부터 시작합니다. 이전의 세대에 관련된 한 사건을 말하자면 바로 가데스 바네아의 사건입니다. 이전 세대의 특징은 바로 이 가데스 바네아 사건에 담겨 있습니다. 그들은 그곳에서 불순종하고 넘어진 것입니다.

　지금의 세대(광야 세대)는 이전의 세대(출애굽 세대)의 연속입니다. 그러나 지금의 세대는 이전의 세대와 불연속적인 연속을 가져야 합니다. 이전의 세대가 불순종한 것과 같이 불순종한다면 그들은 이전의 세대가 광야에서 넘어짐과 같이 그들 또한 다시 광야에서, 더 나아가 가나안에서 넘어지고 말 것입니다. 그러나 이제 그들이 하나님의 약속을 믿고 하나님의 말씀에 순종한다면 하나님께서 이전의 세대에게 약속하신 말씀을 지금 그들의 세대를 통해서 성취하실 것입니다. 그러므로 모세는 먼저 이전의 세대에게 있었던 하나님의 약속과 어떻게 불순종하여 그들이 여전히 광야에 머물고 있는가를 알게 합니다.

■ 신명기 1장의 구조적 이해

신 1:1-5: 서론

신 1:6-8: 가나안 입국 명령

신 1:9-18: 이스라엘 조직의 재정비

신 1:19-25: 가나안 정탐에 대한 이스라엘의 요구

신 1:26-33: 가데스 바네아의 반역

신 1:34-39: 하나님의 진노와 심판

신 1:40-46: 호르마 사건

1. 신명기를 네 부분으로 나누어봅시다.

신명기는 가나안 진입 직전에 가나안 땅을 들어가게 될 새로운 세대에게 향한 세 편의 설교로 구성되어 있습니다.

첫 번째 설교: 1장1-4장43절

두 번째 설교: 4장44-26장19절

세 번째 설교: 27장1-30장20절

결론: 31장1-34장12절

2. 모세의 설교가 있었던 때와 장소를 살펴봅시다(1-5절).

모세의 첫 번째 설교와 두 번째 설교에는 도입부가 있습니다. 먼저 첫 번째 설교의 도입부가 되는 신명기 1장1-5절에서는 모세의 설교의 장소와 때에 관하여 전합니다. 곧 출애굽 40년 11월1일[4]에 모세가 '요단 저쪽 숩 맞은 편의 아라바 광야'(1절)='바란과 도벨과 라반과 하세롯과 디사합 사이'(1절)='요단 저쪽 모압 땅'(5절)에서 설교하였습니다(신 1:3). 모세의 설교의 장소에 관하여서는 세 번에 걸쳐 대략적으로, 자세히, 요약적으로 설명합니다.

"이는 모세가 요단 저쪽 숩 맞은 편의 아라바 광야 곧 바란과 도벨과 라반과 하세롯과 디사합 사이에서 이스라엘 무리에게 선포한 말씀이니라"(신 1:1)

"모세가 요단 저쪽 모압 땅에서 이 율법을 설명하기 시작하였더라 일렀으되"(신 1:5)

같은 장소의 반복은 바로 이 장소에 이르기 전에 어떠한 일들이 있었는지를 상기합니다. 그 길은 열 하룻길 밖에 되지 않습니다(2절). 그러나 시간은 40년 11월1일이 되었습니다(3절). 이는 그들 자신에게 어떠한 일이 있었으며 무엇 때문에 이러한 결과에 이르게 되었는지를 상기

---

4)   '출애굽 40년11월1일'은 신명기에 나타나 있는 유일한 날짜입니다. 두에인 L. 크리스텐센, 『WBC 성경주석: 신명기(상)』(서울: 솔로몬, 2003), 174쪽.

하게 하시는 것입니다.

3. 호렙 산에서 가데스 바네아까지는 얼마의 거리입니까?(2절)

호렙 산에서 세일 산을 지나 가데스 바네아에까지는 열 하룻길입니다. 곧 호렙 산에서 가데스 바네아까지 열 하룻길 밖에 되지 않는 거리를 이스라엘은 첫 번째 가데스 바네아의 불순종으로 말미암아 38년이 걸려 두 번째 가데스 바네아에 이르게 된 것입니다. 호렙산에서 단순히 세일산을 거쳐 가데스 바네아까지 이를 수 있는 거리를 그들은 무려 38년 동안 세일 산을 두루 다닌 후에야 다시 가데스 바네아까지 이르게 됩니다(신 2:1). 호렙산에서 가데스 바네아까지의 거리는 약 264km로 이 거리가 열 하룻길임은 하루에 24km를 걸었음을 의미하며 이는 약 60리를 뜻합니다. 곧 호렙산에서 가데스 바네아까지는 하루에 60리(24km)를 걸어 열 하룻 만에 이를 수 있는 거리입니다. 이처럼 호렙산에서 가데스 바네아까지의 거리를 말씀하심으로 열 하룻길을 38년 곧 약 40년 걸린 인생은 이제 가나안까지 나흘 만에 들어갈 수 있는 거리를 어떻게 하여야 할지를 되새기게 합니다. 어리석은 인생은 자신의 인생을 허비하는 것입니다. 순종하지 않고 거역하며, 성장하지 않는 것은 결국 인생을 허비하는 것입니다.

4. 모세가 설교한 때 이전에 있었던 사건은 무엇입니까?(4절)

모세의 설교를 앞두고 이 때는 모세가 헤스본에 거주하는 아모리 왕 시혼을 쳐죽이고 에드레이에서 아스다롯에 거주하는 바산 왕 옥을 쳐

죽인 후라 하였습니다. 이는 가나안 정복을 앞두고 하나님께서 이전에 아모리 왕 시혼과 바산 왕 옥을 이기게 하심과 같이 이스라엘과 함께 하시고 그들을 도우시고 이기게 하실 것을 알게 하시는 것입니다. 곧 가나안 정복을 앞두고 있는 백성에게 담대함과 용기를 주시는 것입니다. 앞선 말씀 곧 '열 하룻길과 마흔째 해'가 이스라엘의 실패를 통한 경종의 말씀이라면 아모리 왕 시혼과 바산 왕 옥에 대한 말씀은 승리를 통한 격려의 말씀입니다.

5. 가나안 입국 명령의 말씀을 살펴봅시다(6-8절).

호렙산에서의 체류를 끝내며(출애굽 1년3월15~2년20일까지) 하나님께서는 이스라엘의 열조 아브라함과 이삭과 야곱에게 약속을 근거하여 가나안 입국을 명령하셨습니다. 가나안 입성에 대한 인간적인 실패와 승리가 있지만 더욱 더 그 말씀과 약속에 근거하여 가나안에 들어가야 하는 것입니다. 하나님의 약속과 명령은 여전히 지금도 유효한 것입니다.

1. 가나안 입국을 명령하시는 말씀을 율법을 설명하기 이전에 하심은 가나안 입국이 바로 하나님의 뜻이며 명령이며, 성도의 삶의 목적임을 알게 하시기 위함입니다. 성도의 삶에는 이처럼 하나님 나라와 의를 위하여 살아가는 삶의 의미와 목적이 있음을 알아야 합니다.

2. 신명기 말씀의 한 특징으로 하나님께서는 보다 직접적으로 이스

라엘 가운데 말씀하셨음을 알게 하십니다. 출애굽기와 민수기의 이동에 있어서 그들에게는 구름기둥과 불기둥, 은나팔의 도움이 있었으나 신명기에는 보다 직접적인 하나님의 말씀이 있었음을 밝힘으로 말미암아 이 모든 여정이 바로 하나님의 인도하심 가운데 있었음을 알게 하시는 것입니다.

바울이 데살로니가 교회를 칭찬하며 우리들에게까지 전해 주시는 말씀을 들어야 합니다.

"이러므로 우리가 하나님께 끊임없이 감사함은 너희가 우리에게 들은 바 하나님의 말씀을 받을 때에 사람의 말로 받지 아니하고 하나님의 말씀으로 받음이니 진실로 그러하도다 이 말씀이 또한 너희 믿는 자 가운데에서 역사하느니라"(살전 2:13)

3. 특별히 모세는 하나님의 말씀이 단지 자신에게만이 아닌 이스라엘 공동체에게 주신 말씀으로 '우리'에게 말씀하셨다고 강조합니다. 하나님은 '우리' 하나님이시며, '우리'에게 말씀하신 것입니다.

6. 이스라엘 조직의 재정비를 살펴봅시다(9-18절).

순서적으로는 이스라엘 조직의 재정비는 가나안 입국 명령의 말씀 이전에 속합니다. 곧 이스라엘 조직의 재정비는 출애굽기 18장에 모세의 장인 이드로의 방문과 그의 조언으로 통해 이루어진 것입니다. 가나안 입국 명령이 하나님의 직접적인 말씀으로 말미암는다면 조직의 정비는 사람의 지혜로 말미암은 것입니다. 그러나 이는 부정적인 의미로의 '사람의 지혜'가 아닌 하나님의 뜻 안에 있는 '사람의 지혜'에 속합니다. 솔로몬에게 지혜를 주심과 같이 하나님께서는 사람에게 지혜를 주셔서 하나님의 일을 온전하게 행하게 하시는 것입니다. 그러므로 하나님 나라의 일을 온전히 이루고자 하는 자는 무엇보다도 지혜를 구하여야 합니다.

"너희 중에 누구든지 지혜가 부족하거든 모든 사람에게 후히 주시고 꾸짖지 아니하시는 하나님께 구하라 그리하면 주시리라"(약 1:5)

홀로 이스라엘 전체를 감당할 수 없었던 모세는 장인 이드로의 충고 가운데 이스라엘을 행정 사법적으로 재정비하였습니다. 그러나 이러한 조직의 개편은 단순한 행정적인 차원에서 이루어진 것이 아닌 하나님을 경외함에 근거하여 이루어졌음을 주목하여 보아야 합니다.

"재판은 하나님께 속한 것인즉 너희는 재판에 외모를 보지 말고 귀천을 일반으로 듣고 사람의 낯을 두려워 말 것이며 스스로 결단하기 어려운 일이거든 내게로 돌리라 내가 들으리라 하였고"(신 1:17)

7. 이스라엘 수령의 자격은 어떠합니까?(13-15절)

이스라엘의 수령된 자들은 지혜와 지식이 있는 인정 받는 자로 각 지파를 따라 천부장과 백부장과 오십부장과 십부장과 조장을 삼았습니다. 수령된 자의 지혜는 하나님께로 말미암은 것이어야 할 것이며, 지식은 물을 가득 머금은 댐과 같이 삶의 경험과 배움을 통한 지식이 내적으로 풍성함을 의미하며, 마지막으로 수령된 자는 자신이 섬기는 공동체 가운데에서도 인정함을 받는 자라야 할 것입니다. 이는 리더는 하나님과 통(通)하고 세상과도 통(通)하며 공동체 가운데도 통(通)하는 자라야 할 것을 가르칩니다.

8. 가나안 정탐에 대한 이스라엘의 요구를 살펴봅시다(19-33절).

가나안 정탐은 하나님께로부터 나온 것이 아닌 이스라엘의 두려움으로 인해서 요구된 것입니다. 비록 이스라엘의 요구는 모세의 귀에 선하게 들렸는지 모르지만 그 일의 결과로 보아서 우리는 다시 한번 인간의 나약함을 깨닫게 됩니다. 민수기 13장1-2절에서는 하나님께서 이 정탐군들을 보내신 것으로 되어 있는데 신명기 말씀으로부터 우리는 이 일이 이스라엘의 요구와 하나님의 수락하심 가운데 이루어졌음을 알 수 있습니다.

9. 가데스 바네아의 백성들의 거역함에 대한 민수기의 여호수아와 갈렙과 신명기의 모세의 말을 살펴봅시다(민 14:7-9, 신 1:29-31).

민수기에서는 여호수아와 갈렙의 증언을 들으나 신명기에서는 모세의 만류를 들을 수 있습니다. 그러나 백성은 10명의 정탐군들의 말을 듣고 2명의 정탐군의 말을 듣지 아니할 뿐만 아니라 지도자인 모세의 말을 듣지 않았습니다. 이는 단지 사람의 말을 듣지 아니함이 아니라 하나님을 믿지 아니함입니다.

"이 일에 너희가 너희의 하나님 여호와를 믿지 아니하였도다 그는 너희보다 먼저 그 길을 가시며 장막 칠 곳을 찾으시고 밤에는 불로, 낮에는 구름으로 너희가 갈 길을 지시하신 자이시니라"(신 1:32-33)

여호수아와 갈렙 (민 14:7-9)	모세 (신 1:29-31)
"우리가 두루 다니며 정탐한 땅은 심히 아름다운 땅이라 여호와께서 우리를 기뻐하시면 우리를 그 땅으로 인도하여 들이시고 그 땅을 우리에게 주시리라 이는 과연 젖과 꿀이 흐르는 땅이니라 다만 여호와를 거역하지는 말라 또 그 땅 백성을 두려워하지 말라 그들은 우리의 먹이라 그들의 보호자는 그들에게서 떠났고 여호와는 우리와 함께 하시느니라 그들을 두려워하지 말라"(민 14:7-9)	"그들을 무서워하지 말라 두려워하지 말라 너희보다 먼저 가시는 너희의 하나님 여호와께서 애굽에서 너희를 위하여 너희 목전에서 모든 일을 행하신 것같이 이제도 너희를 위하여 싸우실 것이며 광야에서도 너희가 당하였거니와 사람이 자기의 아들을 안는 것 같이 너희의 하나님 여호와께서 너희가 걸어 온 길에서 너희를 안으사 이 곳까지 이르게 하셨느니라"(신 1:29-31)

10. 각 세대와 사람들을 향한 하나님의 말씀을 살펴봅시다(34-39절).

출애굽 세대, 제1세대(34-35절): 20세 이상으로 계수함을 받은 자들로서(민 14:29) 가데스 바네아의 불순종으로 말미암아 이들은 가나안 입성이 거절되었습니다.

갈렙(36절): 그는 온전히 하나님께 순종하였으므로 가나안 땅을 볼

뿐만 아니라 그가 밟은 땅을 그와 그의 자손들에게 약속되었습니다.

모세(37절): 므리바의 물 사건으로 인해 결국 모세조차 가나안 입성이 거절되었습니다. 모세의 가나안 입성의 거절은 직접적인 가데스 바네아의 심판에 있지 않고 므리바의 물 사건에 있으나 본 구절에서 함께 다루어지고 있는 것입니다.

여호수아(38절): 모세에 이어 이스라엘에게 약속된 땅을 기업으로 얻게 할 자로 지명되었습니다.

광야 세대, 제2세대(39절): 당시의 20세 미만 되었던 자들로 그들은 가나안 땅에 들어가 그 땅을 산업으로 얻을 것이 약속되었습니다.

11. 호르마 사건을 민수기 본문과 비교하여 봅시다(민 14:39-45, 신 1:40-46).

민수기 본문은 단순히 모세의 만류만이 언급되었으나 신명기 말씀은 이 만류가 바로 하나님 자신으로부터 말미암은 것임을 밝히고 있습니다. 이로써 모세는 스스로 말하는 자가 아니라 하나님의 말씀을 전하며 그 뜻을 전하는 자신의 사명에 충실하였음을 알 수 있습니다.

묵상

01   이스라엘의 열 하룻길과 40년의 세월이 주는 교훈에 관하여 나누어 봅시다.

02   성경에서 인간의 요구에 하나님께서 수락하심 사건들과 그 결과를 연구하
     여 봅시다.
     (예 발람, 가데스 바네아에서의 정탐 요구, 요단 동편의 요구, 왕정의 요구,
     히스기야의 간구 등)

03   가데스 바네아 사건으로 말미암은 각각의 사람들에 대한 교훈은 무엇입니까?

되새김

가데스 바네아의 불순종은 이스라엘의 새로운 주역들이 잊지 말아야 할 뼈아픈
과거의 아픔을 전하여 줍니다. 모세의 므리바의 물 사건으로 인한 가나안 입성의
거절 또한 그 근원적인 이유는 가데스 바네아의 불순종으로 말미암은 것입니다.
가데스 바네아는 축복의 문턱입니다. 그러나 이러한 하나님께서 예비하신 축복
의 문턱을 넘는 은혜는 오직 하나님의 약속의 말씀을 믿고 두려움 없이 믿음으로
나아가는 자들에게 주어지는 것입니다.

PART

02

정복 금지된 세 족속
2장1~23절

Key Point

가데스 바네아의 불순종으로 인한 징계의 38년이 흐른 뒤 하나님께서는 다시 이스라엘로 믿음의 전진을 하게 하셨습니다. 이번 장은 이러한 전진 가운데 기업으로 제외된 세 족속과 다투지 말 것에 관한 말씀입니다. 하나님께서 이스라엘 가운데 기업을 주신 것과 마찬가지로 이 세 족속에게 기업을 주셨으며 이들은 이스라엘이 장차 가나안 땅에서 그 기업을 얻어야 하는 것과 마찬가지로 먼저 그들의 기업을 차지하였습니다.

본문 이해

   1장의 말씀이 이전 세대(출애굽 세대)와 관련된 말씀이라면 이제 2장은 38년이 지난 후에 지금의 세대(광야 세대)가 겪었던 일들에 관하여 상기시킵니다. 1장의 말씀은 오래 전의 이야기이지만 2-3장의 말씀은 최근에 그들 가운데 있었던 일에 관한 말씀이며, 이 사건의 의미를 가르치시는 것입니다. 먼저 2장의 말씀은 이스라엘에게 다툼이 금지된 세 족속에 관하여 말씀하십니다. 하나님께서는 이스라엘이 대적해야 할 적들과 다투거나 싸우지 말아야 할 사람들을 구별케 하십니다. 믿음의 싸움에 있어서 이러한 분별함이 없다면 그들은 싸우지 말아야 할 사람들과 싸워 결국 하나님께서 허락하신 기업을 얻지 못하거나 심한 손실을 가지는 안타까움이 있게 되는 것입니다. 오늘날 많은 교회들이 성도와 성도가 다투고, 성도와 목회자가 다투고, 목회자와 목회자가 다투고, 교회와 교회가 다투는 것을 봅니다. 더 나아가 혈과 육에 대한 싸움이 아님에도 불구하고 혈과 육과 더불어 싸우는 안타까운 모습을 보게됩니다. 땅에 속한 자들보다도 때때로 더 땅의 것을 위하여 싸우는 모습은 믿음의 사람들의 그 믿음을 의심케 하는 것입니다. 이제 이번 과를 살피며 믿음의 사람들이 진정으로 싸워야 할 바와 다투지 말아야 할 바가 무엇인지를 분별하여야 할 것입니다.

   "우리의 씨름은 혈과 육을 상대하는 것이 아니요 통치자들과 권세들

27

과 이 어둠의 세상 주관자들과 하늘에 있는 악한 영들을 상대함이라"
(엡 6:12)

■ 신명기 2장1-23절의 구조적 이해

신 2:1-3: 가나안 땅 재입성을 명령하심

신 2:4-8: 에돔과 다툼을 금지

신 2:9: 모압과 다툼을 금지

신 2:10-12: 에돔 족속과 모압 족속의 정복사

신 2:13-15: 세렛 시내 도하

신 2:16-23: 암몬과 다툼을 금지

1. 이스라엘의 광야 38년 동안의 여정을 살펴봅시다(1절).

가데스 바네아의 불순종으로 인한 징계로 말미암아 이스라엘은 38년 동안 광야에서 방황해야 했습니다. 그들은 세일 산을 두루 행하며 38년 동안 여전히 광야에 머물러야 했습니다. 곧 앞선 1장 마지막 절과 2장2절 사이의 38년은 2장1절 단 한 구절로 요약하고 있는 것입니다.

"우리가 방향을 돌려 여호와께서 내게 명령하신 대로 홍해 길로 광야에 들어가서 여러 날 동안 세일 산을 두루 다녔더니"(신 2:1)

2. 에돔에 대하여 받은 명령을 살펴봅시다(2-8절).

광야 38년의 방황을 마치고 출애굽 40년이 되는 해에 드디어 하나님께서는 이스라엘로 다시 진군할 수 있는 명령을 주셨습니다(2-3절). 그러나 에서의 자손의 지경을 지날 때에 그들과 다투지 말 것을 명하셨습니다. 하나님께서는 이스라엘뿐만 아니라 우주와 만물을 다스리시는 분으로서 에서의 자손 에돔에게 허락하신 기업을 보호하신 것입니다. 하나님은 선민 이스라엘뿐만 아니라 이방의 모든 족속도 하나님의 통치 아래 있으며 하나님의 구원이 모든 민족에게 이를 것을 예표적으로 보이시는 것입니다.

"너희는 돈으로 그들에게서 양식을 사서 먹고 돈으로 그들에게서 물을 사서 마시라 네 하나님 여호와께서 네가 하는 모든 일에 네게 복을 주시고 네가 이 큰 광야에 두루 다님을 알고 네 하나님 여호와께서 이 사십 년 동안을 너와 함께 하셨으므로 네게 부족함이 없었느니라"(6-7절)

신명기 2장에서 다투지 말아야 할 세 족속 중에 가장 먼저 에서의 자손 곧 에돔에 관하여 말씀하십니다. 야곱은 에서와 경쟁하였습니다. 그러나 이러한 경쟁과 다툼은 하나님의 뜻이 아님을 알아야 할 것입니다. 다툼은 불필요한 경쟁 속에서 나타납니다. 함께 살 길을 찾아야 합니다. 하나님께서 저마다 주신 기업이 있음에도 불구하고 서로 경쟁함이 결국 다툼을 일으키는 것입니다.

요셉은 그 형제들에 의해서 팔림을 받았으나 그 형제들을 원수로 여기지 않았습니다. 형제들이 그에게 행한 일은 원수의 일이었으나 그 형제들을 원수로 여기지 않았습니다. 때때로 형제들이 원수의 일을 함을 저 요셉의 일 속에서 배우는 것입니다. 그러나 믿음은 형제들을 원수와 같이 여기는 것이 아닙니다. 요셉은 다투지 않기 위해서 용서하였습니다. 요셉은 용서의 대가를 지불하며 다투지 않았습니다.

"당신들이 나를 이 곳에 팔았다고 해서 근심하지 마소서 한탄하지 마소서 하나님이 생명을 구원하시려고 나를 당신들보다 먼저 보내셨나이다"(창 45:5)

3. 에돔에 관한 모세의 설교에서 생략된 부분은 무엇입니까?(민 20:14-21, 신 2:7-8)

이스라엘 백성들이 가데스를 떠나 에돔 땅을 통과하고자 하나 이를 거절당한 사건입니다(민 20:14-21). 모세는 가데스에서 에돔 왕에게 사자를 보내어 자신들이 에돔 땅을 통과하여 가나안으로 향할 수 있게 해 달라고 요청하였으나 이를 거절당하였습니다. 이 거절로 이스라엘이 에돔과 다투지 않은 것은 에돔 땅은 하나님께서 주신 기업이 아니었으며 에돔 땅은 하나님께서 에돔 그들에게 주신 기업이며 더 직접적으로 그 백성과 다투지 말라는 하나님의 명령이 있었기 때문입니다(신 2:1-8).

4. 모압에 대하여 받은 명령을 살펴봅시다(9절).

하나님께서는 에돔에 이어 이번에는 모압을 괴롭히지 말 것을 명령하셨습니다. 세일 산을 에돔에게 기업으로 주신 것과 마찬가지로 롯 자손에게 아르를 기업으로 주셨기 때문입니다. 하나님께서는 이 모압 족속에서 후에 그리스도의 조상이 되는 보아스의 아내 룻이 나오게 하심으로 말미암아 하나님은 만민의 하나님이심을 가르치십니다.

아브람은 조카 롯과 다투지 않았습니다. 충분히 다툴 수 있는 이유가 있었습니다. 그러나 아브람은 다투지 않았습니다.

"아브람이 롯에게 이르되 우리는 한 친족이라 나나 너나 내 목자나 네 목자나 서로 다투게 하지 말자 네 앞에 온 땅이 있지 아니하냐 나를 떠나가라 네가 좌하면 나는 우하고 네가 우하면 나는 좌하리라"(창 13:8-9)

아브람은 조카 롯과 다투지 않기 위해서 희생을 하였습니다. 아브람은 희생이라는 대가를 지불함으로 다투지 않았던 것입니다. 왜 다툽니까? 희생하려 하지 않기 때문입니다. 조금이라도 더 갖고 자신의 권리를 주장하려 함으로 다툼이 일어나는 것입니다. 새로운 세대에게 주시는 말씀은 곧 오늘날 새로운 생명 가운데 사는 그리스도인에게 주는 말씀입니다. 믿음의 사람은 다투지 않았습니다. 사랑은 자기의 유익을 구치 않는 것입니다. 믿음의 사람은 다투지 않을 뿐만 아니라 자기를 희생할 줄 아는 자입니다.

5. 에돔 족속과 모압 족속의 정복사를 살펴봅시다(10-12절).

모압 족속은 가나안에 거하던 에밈 사람을 멸하고 그 땅을 기업으로 차지하였습니다. 이 엠 족속은 가나안 초기 원주민으로서 그들은 아낙 자손과 같이 강하고 많고 키가 크므로 르바임이라 불렀으나 모압 사람들을 그들을 에밈이라고 칭하였습니다.

에돔 족속은 세일산 동굴에 거하는 호리 사람을 멸하고 대신하여 그 땅에 거하게 되었으니 모압과 에돔이 보여준 정복사는 장차 이스라엘이 가나안에 행할 것과 같았습니다. 곧 그들이 행할 일들은 불가능한 일이 결코 아닌 것입니다.

6. 가데스 바네아에서 세렛 시내를 건너기까지 얼마나 걸렸습니까?(13-14절)

이스라엘이 가데스 바네아에서 세렛 시내를 건너기까지는 약 38년이 걸렸습니다. 130km, 채 일주일도 되지 않는 거리가 그들의 불순종으로 말미암아 38년이 걸리게 된 것입니다.

7. 세렛 시내를 건넌 세대는 어떠한 세대입니까?(14-15절)

세렛 시내는 에돔과 모압 사이의 경계를 이루며 이스라엘의 광야 38년을 마무리함의 의미를 가집니다. 가데스 바네아에서 불순종을 했던 구세대는 결국 광야 40년 생활에서 다 죽고 새로운 세대가 세렛 시내를 건넜습니다. 특별히 구세대를 모든 군인들이라고 말씀하심은 이스라엘의 정체성을 알게 하십니다. 군인으로서 부르심을 입었음에도 불구하고 거역한 저들은 자연적인 죽음이 아닌 하나님의 심판의 결과로 모두 광야에서 죽었습니다. 그들은 세렛 시내를 건너기 전에 죽임을 당하였습니다. 이들은 아말렉 전투와 같은 전투 경험이 있었던 세대임에도 불구하고 불순종함으로 말미암아 그들은 약속의 땅에 거절되었으며 하나님께서는 아무런 전투 경험이 없는 세대를 가나안 땅으로 인도하시고 계신 것입니다.

8. 암몬에 대하여 받은 명령을 살펴봅시다(16-19절).

하나님께서는 에돔과 모압에 이어 이번에는 암몬과 다투지 말 것을 명령하셨습니다. 세일 산을 에돔에게, 아르를 모압 기업으로 주신 것과 마찬가지로 암몬 자손에게 모압 변경의 아르를 기업으로 주셨기 때문입니다.

9. 모압 변경의 아르에 본래 살던 사람들은 누구입니까?(20-22절)

그곳에도 르바임이 거하였습니다. 암몬 족속은 그들을 '떠들다' '악을 도모하다'라는 뜻으로 삼숨밈으로 불렸습니다. 에돔이 호리 사람을 멸함과 마찬가지로 암몬 자손들은 삼숨밈을 멸하였고 대신 그곳에 거하였습니다.

10. 갑돌 사람에 관하여 살펴봅시다(23절).

갑돌 사람은 그레데 섬에서 이주해 온 '이주자'의 뜻을 가진 블레셋 족속을 의미합니다. 블레셋 족속은 가나안 원주민인 아위 사람을 멸하고 그들을 대신하여 그 곳에 거하였습니다.

묵상

01 기업으로 금지된 세 족속, 에돔과 모압과 암몬이 주는 교훈은 무엇입니까?

02 진중에서 죽은 군인들이 주는 교훈은 무엇입니까?

03 갑돌 사람의 이야기를 들려 주시는 이유는 무엇입니까?

되새김

에돔과 모압, 암몬은 이스라엘 기업에 제외되었으나 에돔이 호리 사람으로부터, 롯의 후손(모압과 암몬)이 르바임으로부터 기업을 얻고 갑돌(블레셋)이 아위 사람을 몰아내고 자신들의 땅을 차지한 것은 이스라엘이 가나안 족속을 몰아내고 그 기업을 차지해야 하는 큰 교훈을 주는 것입니다. 오늘 우리들에게 하나님께서 허락하신 땅이라면 그 어떠한 어려움이 있더라도 얻을 수 있음에 믿음의 확신을 가져야 할 것입니다.

PART

03

요단 동편의 정복
2장24~3장29절

Key Point

세 족속, 에돔과 모압, 암몬과의 다툼을 금하신 하나님께서는 요단 동편의 헤스본 왕 시혼과 바산 왕 옥과의 전쟁에서 승리케 하시며 요단 동편을 이스라엘의 기업으로 허락하셨습니다. 이 전쟁의 승리는 가나안 전쟁에 대한 승리의 확신을 이스라엘 백성에게 심어준 것입니다. 이어지는 요단 동편 땅의 분배와 지시, 후계자 여호수아에 대한 격려, 모세의 가나안 입성 금지의 회고는 모두 가나안 입성에 대한 촉구의 말씀이 됩니다.

신명기 2장에서 다투지 말아야 할 세 족속에 관한 말씀으로 성도가 다투지 말아야 할 대상을 분별케 하였다면 3장의 말씀(2:26~)은 성도가 싸워야 할 대상이 무엇인지를 알게 합니다. 때때로 경쟁하나 경쟁의 대상이 아닌 형제로 보아야 하며(야곱과 에서), 원수처럼 행하나 용서하고 형제로 용납하며(요셉과 형제들), 형제를 위하여 희생할 줄도 알아야 할 것입니다(아브람과 롯). 원수처럼 행하나 형제인 자가 있는 반면에 때때로 형제처럼 행하나 원수인 자를 분별하여야 할 것입니다. 믿음의 적은 세 가지입니다. 자기 자신과 세상과 마귀입니다.

"이에 예수께서 제자들에게 이르시되 누구든지 나를 따라오려거든 자기를 부인하고 자기 십자가를 지고 나를 따를 것이니라"(마 16:24)

"이 세상이나 세상에 있는 것들을 사랑하지 말라 누구든지 세상을 사랑하면 아버지의 사랑이 그 안에 있지 아니하니"(요일 2:15)

"그런즉 너희는 하나님께 복종할지어다 마귀를 대적하라 그리하면 너희를 피하리라"(약 4:7)

에돔과 모압, 암몬은 분명히 이스라엘에게 우호적이지 않았습니다.

그러나 그들은 이스라엘을 대적하지 않았습니다. 왕의 대로로 지나가는 것은 거절하였으나 이스라엘이 변두리로 돌아가는 것은 막지 않았습니다.[5] 그러나 아모리 왕 시혼과 바산 왕 옥은 이스라엘의 길에 우호적이지 않을 뿐만 아니라 대적하기까지 하였습니다. 그들은 형제가 아닌 원수였기 때문입니다. 신앙에는 사랑해야 할 원수(레 19:18, 마 5:44, 살후 3:15)와 대적해야 할 원수(창 3:15, 롬 8:7, 고전 15:26)가 있는 것입니다.

■ 신명기 2장24-3장29절의 구조적 이해

신 2:24-37: 헤스본 왕 시혼을 침-야하스 전쟁
신 3:1-11: 바산 왕 옥을 침-에드레이 전쟁
신 3:12-17: 요단 동편 땅의 분배
신 3:18-20: 요단 동편 기업의 지파에게 주는 명령
신 3:21-22: 여호수아에 대한 모세의 격려와 권면
신 3:23-29: 모세의 가나안 입성 소원

1. 아르논 골짜기에 관해 살펴봅시다(2장24-25절).

아르논 골짜기는 모압과 아모리의 경계를 이루는 골짜기입니다. 세렛 골짜기가 에돔과 모압의 경계를 이루며 그 골짜기를 건넘으로 시련의 광야 생활을 마쳤다면 이제 이스라엘은 아르논 골짜기를 건넘으로

---

5) 장일선, 『대한기독교서회 창립 100주년 기념 성서주석: 신명기』, 107쪽.

비로소 정복으로 말미암아 그들에게 주어진 기업을 차지하게 된 것입니다.

2. 이스라엘이 헤스본의 왕 시혼을 침에 관한 말씀을 민수기 본문과 비교하여 봅시다.

신명기(신 2:24-37)	민수기(민 21:21-32)
너희는 일어나 행진하여 아르논 골짜기를 건너라 내가 헤스본 왕 아모리 사람 시혼과 그의 땅을 네 손에 넘겼은즉 이제 더불어 싸워서 그 땅을 차지하라 오늘부터 내가 천하 만민이 너를 무서워하며 너를 두려워하게 하리니 그들이 네 명성을 듣고 떨며 너로 말미암아 근심하리라 하셨느니라(24-25절)	
내가 그데못 광야에서 **헤스본 왕** 시혼에게 사자를 보내어 **평화의 말**로 이르기를 나를 네 땅으로 통과하게 하라 내가 큰길로만 행하고 좌로나 우로나 치우치지 아니하리라 너는 돈을 받고 양식을 팔아 내가 먹게 하고 돈을 받고 물을 주어 내가 마시게 하라 나는 걸어서 지날 뿐인즉 세일에 거주하는 에서 자손과 아르에 거주하는 모압 사람이 내게 행한 것 같이 하라 그리하면 내가 요단을 건너서 우리 하나님 여호와께서 우리에게 주시는 땅에 이르리라 하였으나(26-29절)	**이스라엘이 아모리 왕** 시혼에게 사신을 보내어 이르되 우리에게 당신의 땅을 지나가게 하소서 우리가 밭에든지 포도원에든지 들어가지 아니하며 우물물도 마시지 아니하고 당신의 지경에서 다 나가기까지 왕의 큰길로만 지나가리이다 하나(21-22절)

헤스본 왕 시혼이 우리가 통과하기를 허락하지 아니하였으니 **이는 네 하나님 여호와께서 그를 네 손에 넘기시려고 그의 성품을 완강하게 하셨고 그의 마음을 완고하게 하셨음이 오늘날과 같으니라 그 때에 여호와께서 내게 이르시되 내가 이제 시혼과 그의 땅을 네게 넘기노니 너는 이제부터 그의 땅을 차지하여 기업으로 삼으라 하시더니 (30-31절)**	시혼이 이스라엘이 자기 영토로 지나감을 용납하지 아니하고(23절)
시혼이 그의 모든 백성을 거느리고 나와서 우리를 대적하여 야하스에서 싸울 때에 **우리 하나님 여호와께서 그를 우리에게 넘기시매** 우리가 그와 그의 아들들과 그의 모든 백성을 쳤고 그 때에 우리가 그의 모든 성읍을 점령하고 그의 각 성읍을 그 남녀와 유아와 함께 하나도 남기지 아니하고 진멸하였고 다만 그 가축과 성읍에서 탈취한 것은 우리의 소유로 삼았으며 **우리 하나님 여호와께서 그 모든 땅을 우리에게 넘겨주심으로** 아르논 골짜기 가장자리에 있는 아로엘과 골짜기 가운데에 있는 성읍으로부터 길르앗까지 우리가 모든 높은 성읍을 점령하지 못한 것이 하나도 없었으나 **오직 암몬 족속의 땅 얍복 강 가와 산지에 있는 성읍들과 우리 하나님 여호와께서 우리가 가기를 금하신 모든 곳은 네가 가까이 하지 못하였느니라(32-37절)**	그의 백성을 다 모아 이스라엘을 치러 광야로 나와서 야하스에 이르러 이스라엘을 치므로 이스라엘이 칼날로 그들을 쳐서 무찌르고 그 땅을 아르논에서부터 얍복까지 점령하여 암몬 자손에게까지 미치니 **암몬 자손의 경계는 견고하더라** 이스라엘이 이같이 그 모든 성읍을 빼앗고 그 아모리인의 모든 성읍 헤스본과 그 모든 촌락에 거주하였으니 헤스본은 아모리인의 왕 시혼의 도성이라 시혼이 그 전 모압 왕을 치고 그의 모든 땅을 아르논까지 그의 손에서 빼앗았더라(23-26절)

	그러므로 시인이 읊어 이르되 너희는 헤스본으로 올지어다 시혼의 성을 세워 견고히 할지어다 헤스본에서 불이 나오며 시혼의 성에서 화염이 나와서 모압의 아르를 삼키며 아르논 높은 곳의 주인을 멸하였도다 모압아 네가 화를 당하였도다 그모스의 백성아 네가 멸망하였도다 그가 그의 아들들을 도망하게 하였고 그의 딸들을 아모리인의 왕 시혼의 포로가 되게 하였도다 우리가 그들을 쏘아서 헤스본을 디본까지 멸하였고 메드바에 가까운 노바까지 황폐하게 하였도다 하였더라(27-30절) 이스라엘이 아모리인의 땅에 거주하였더니 모세가 또 사람을 보내어 야셀을 정탐하게 하고 그 촌락들을 빼앗고 그 곳에 있던 아모리인을 몰아 내었더라(31-32절)

3. 하나님께서 헤스본 왕 시혼의 마음을 강퍅케 하신 이유는 무엇입니까?(2장26-37절)

하나님께서는 아모리 사람의 땅을 이스라엘에게 주시기 위해서 아모리 헤스본 왕 시혼의 마음을 강퍅케 하신 것입니다. 그러므로 우리는 세상의 강퍅함에 의아해 할 것이 아니라 세상의 그 강퍅함을 통해서 하나님께서 오늘날 우리들에게 행하신 일들에 관해서 주목해 보아야 할 것입니다.

4. 이스라엘이 바산 왕 옥을 침에 관한 말씀을 민수기 본문과 비교하여 봅

시다.

신명기(3:1-11)	민수기(21:33-35)
우리가 돌이켜 바산으로 올라가매 바산 왕 옥이 그의 모든 백성을 거느리고 나와서 우리를 대적하여 에드레이에서 싸우고자 하는지라 여호와께서 내게 이르시되 그를 두려워하지 말라 내가 그와 그의 모든 백성과 그의 땅을 네 손에 넘겼으니 네가 헤스본에 거주하던 아모리 족속의 왕 시혼에게 행한 것과 같이 그에게도 행할 것이니라 하시고 우리 하나님 여호와께서 바산 왕 옥과 그의 모든 백성을 우리 손에 넘기시매 우리가 그들을 쳐서 한 사람도 남기지 아니하였느니라(1-3절)	그들이 돌이켜 바산 길로 올라가매 바산 왕 옥이 그의 백성을 다 거느리고 나와서 그들을 맞아 에드레이에서 싸우려 하는지라 여호와께서 모세에게 이르시되 그를 두려워하지 말라 내가 그와 그의 백성과 그의 땅을 네 손에 넘겼나니 너는 헤스본에 거주하던 아모리인의 왕 시혼에게 행한 것 같이 그에게도 행할지니라 이에 그와 그의 아들들과 그의 백성을 다 쳐서 한 사람도 남기지 아니하고 그의 땅을 점령하였더라(33-35절)
그 때에 우리가 그들에게서 빼앗지 아니한 성읍이 하나도 없이 다 빼앗았는데 그 성읍이 육십이니 곧 아르곱 온 지방이요 바산에 있는 옥의 나라이니라 그 모든 성읍이 높은 성벽으로 둘려 있고 문과 빗장이 있어 견고하며 그 외에 성벽 없는 고을이 심히 많았느니라 우리가 헤스본 왕 시혼에게 행한 것과 같이 그 성읍들을 멸망시키되 각 성읍의 남녀와 유아를 멸망시켰으나 다만 모든 가축과 그 성읍들에서 탈취한 것은 우리의 소유로 삼았으며 그 때에 우리가 요단 강 이쪽 땅을 아르논 골짜기에서부터 헤르몬 산에까지 아모리 족속의 두 왕에게서 빼앗았으니 (헤르몬 산을 시돈 사람은 시룐이라 부르고 아모리 족속은 스닐이라 불렀느니라) 우리가 빼앗은 것은 평원의 모든 성읍과 길르앗 온 땅과 바산의 온 땅 곧 옥의 나라 바산의 성읍 살르가와 에드레이까지이니라 르바임 족속의 남은 자는 바산 왕 옥뿐이었으며 그의 침상은 철 침상이라 아직도 암몬 족속의 랍바에 있지 아니하냐 그것을 사람의 보통 규빗으로 재면 그 길이가 아홉 규빗이요 너비가 네 규빗이니라) (4-11절)	

5. 헤스본 왕 시혼과의 야하스 전투와 바산 왕 옥과의 에드레이 전투가 주는 교훈은 무엇입니까?

하나님께서는 그들의 마음을 강퍅하게 하시어 그들이 먼저 전쟁에 나서게 하심으로 말미암아 그들의 땅을 이스라엘에게 기업으로 주셨습니다. 이 두 전투로 가나안에서 이루어질 전투의 전조를 보여줌으로 가나안 사람들로 하여금 두려움에 휩싸이게 하셨습니다. 하나님께서 함께 하시는 전쟁은 세상으로 하여금 두려워 떨게 하는 것입니다.

이제 하나님께서는 보다 본격적인 가나안 점령에 앞서 이스라엘로 두 전쟁을 경험하게 하게 하심으로 더욱 담대하게 하십니다. 요단 동편에서 승리케 하신 하나님께서 또한 가나안에서 이기게 하실 것입니다. 하나님께서는 일의 반복을 통해서 이 일이 하나님께로 말미암음을 보이십니다. 홍해를 가르시고 요단강을 또한 가르셨습니다. 요셉, 두 관원, 바로에게 두 번의 꿈을 주시어 이 일이 하나님께로 말미암음을 보이셨습니다. 오병이어의 이적 이후에 칠병이어의 이적을 행하셨습니다. 동일하게 아모리 왕 시혼과 바산 왕 옥을 이기게 하심은 이스라엘의 용맹으로 말미암은 것이 아닌 하나님의 함께 하심으로 말미암은 승리였습니다. 이제 이스라엘은 더욱 담대하게 가나안에 들어갈 수 있는 담대함을 얻게 된 것입니다.

6. 바산 왕 옥의 침상의 크기를 살펴봅시다(11절).

바산 왕 옥의 침상은 철 침상으로 길이가 9규빗이며 너비가 4규빗으로 길이 약 4.1m 너비 1.8m에 달하는 거대한 것이었습니다. 비록 이 침상이 바산 왕 옥의 체구에 딱 맞는 것은 아니라 할지라도 그들의 거대함을 언급하시는 것은 이 거인족에게 승리케 하신 하나님을 찬양함에 그들의 거대함을 예시한 것입니다.

7. 요단 동편 땅의 구체적 분배를 살펴봅시다(12-17절, 참고 민 32:33-42).

요단 동편의 땅은 므낫세 반지파와 르우벤, 갓 지파에게 할당되었습니다. 먼저 므낫세 반지파에게는 길르앗 산지 절반으로부터 옥의 나라였던 아르곱 온 지방이 할당되었습니다. 바산을 옛적에는 르바임의 땅이라 칭하였으나 므낫세의 아들 야일이 그술 족속과 마아가 족속의 경계까지의 아르곱 온 지방을 취하고 자기의 이름으로 이 바산을 하봇야일이라고 칭하였습니다. 므낫세의 장자 마길에게는 길르앗이 할당되었습니다. 다음으로 르우벤 자손과 갓 자손에게는 길르앗 절반으로부터 아르논 골짜기가 주어졌는데 남쪽으로는 아르논 강이, 북동쪽으로는 암몬 자손과의 경계가 되는 압복 강까지, 서쪽으로는 요단강과 사해까지였습니다.

긴네렛=게네사렛(신약)=갈릴리 호수(바다)
아라바 바다=염해=사해바다
보다 구체적인 르우벤 지파, 갓 지파, 므낫세 반지파에게 할당된 지역은 민수기 32장33-42절의 말씀을 참고 바랍니다.

8. 르우벤 지파, 갓 지파, 므낫세 반 지파에게 하신 말씀을 살펴봅시다(18-20절).

르우벤 지파와 갓 지파의 요구에 의해서 요단 동편 땅을 먼저 분배받았습니다. 본래 요단 동편 땅은 하나님께서 약속하신 땅이 아니었기에 모세는 처음에는 거절하였으나 르우벤 지파와 갓 지파가 선봉으로 전쟁에 임할 것을 제안함에 따라 그들의 요구는 받아들여집니다. 이에 관한 자세한 말씀은 민수기 32장을 참고 바랍니다. 이에 모세는 요단 동편을 분배받은 지파가 행할 바를 명령하고 있습니다. 그들의 처자와 가축은 요단 동편의 성읍에 머물게 할 것이나 그들은 이스라엘의 선봉이 되어 싸울 것이며 다른 형제들이 요단 저쪽에서 기업을 얻을 땅을 차지한 후에 그들의 기업으로 돌아갈 것입니다.

9. 여호수아에 대한 모세의 격려와 권면을 살펴봅시다(21-22절).

하나님께서는 새로운 세대가 모세의 휘하에서 승리의 경험을 하게 하심으로 말미암아 새로운 지도자가 될 여호수아의 사역을 도우셨습니다. 모세의 휘하에서 새로운 세대는 두 왕과의 승리와 요단 동편에서의 승리를 맛보았으며 이제 여호수아가 감당해야 할 가나안 땅에서의 전쟁을 앞두고 큰 격려를 받게 되는 것입니다.

10. 모세의 가나안 입성 소원을 살펴봅시다(23-29절).

모세는 가나안 입성을 하나님께 소원하였으나 이에 대해서 거절됩니다. 위대한 믿음의 사람임에도 불구하고 그의 간구가 항상 응답을 받은 것은 아니었습니다. 구약의 모세의 가나안 입성에 대한 기도와 신약의 바울이 가시가 제거될 것에 관한 기도가 모두 응답을 받지 못한 것은 큰 교훈이 되는 것입니다. 심지어 주님의 겟세마네의 기도조차 할 수만 있다면 이 잔을 내게서 옮기시옵소서라는 주님의 기도가 거절되고 결국 나의 원대로 마옵시고 아버지의 뜻대로 되기를 원한다는 기도의 바른 태도를 보여주심을 우리는 늘 잊지 말아야 할 것입니다. 결국 모세는 가나안 땅에 들어가지 못하였고 다만 비스가 산 꼭대기(느보)에서 눈으로 가나안 땅을 바라보는 것만이 허락되었습니다(신 34:1).

묵상

01 하나님께서 세상으로 강퍅케 하신 예들과 그 뜻을 연구하여 봅시다.

02 요단 동편의 승리가 주는 교훈은 무엇입니까?

03 하나님께서 모세의 가나안 입성 금지를 통해서 오늘날 우리들에게 가르치시는 바는 무엇입니까?

되새김

하나님께서는 요단 동편의 전쟁의 철저한 승리로 말미암아 앞으로 이루어질 가나안 정복이 이와 같아야 함을 모세를 통해서 가르치셨습니다. 시혼과 옥과의 싸움을 통한 옛 일과 그 땅을 기업으로 받은 오늘의 축복은 가나안 정복이라는 내일의 사명으로 이루어져야 하는 것입니다.

PART

04

첫 번째 설교의 결어
−7가지 권면의 말씀
4장1~43절

Key Point

모세는 첫 번째 설교를 마치면서 이스라엘이 하나님의 규례와 법도를 지켜야 할 당위성과 그들이 두려움 가운데 잊지 말아야 할 것과 금하여야 할 것들, 더 나아가 하나님의 행하심과 유일하심을 통해 그들이 하나님의 규례와 법도를 지켜야 함을 역설하였습니다.

신명기 1장의 말씀은 이전의 세대(출애굽 세대)와 관련이 있으며, 2-3장의 말씀은 지금의 세대(광야 세대)와 관련이 있습니다. 그러나 1-3장의 말씀은 이미 지나간 일들을 회상함에 있어서 동일합니다. 이제 4장의 말씀은 과거의 회상의 말씀이 아닌 지금 이 순간에 결단을 요구하시는 말씀입니다. 이전 말씀을 회상케 하심은 지금 이 순간 이스라엘로 하여금 하나님의 말씀 앞에 서서 그 말씀을 붙들게 하시기 위함입니다. 과거의 경험조차 그 경험에서 교훈을 삼는 것이 아닌, 그 경험이 오늘 우리들을 말씀 앞에 서게 하는 것입니다.

이스라엘이 결단해야 할 바는 다음의 7가지 교훈으로 이루어졌습니다.

1. 규례와 법도를 듣고 준행하라(1절)
2. 내가 너희에게 명령하는 말을 너희는 가감하지 말고 지키라(2절)
3. 바알브올의 일을 경계하라(3절)
4. 말씀을 자녀에게 가르치라(10절)
5. 어떤 형상이든지 만들지 말라(16절)
6. 마음을 다하고 뜻을 다하여 그를 찾으면 만나리라(29절)
7. 오직 여호와는 하나님이시오 다른 신이 없는 줄을 알라(39절)

■ 신명기 4장 1-43절의 구조적 이해

신 4:1-8: 규례와 법도를 듣고 준행하라

신 4:9-14: 호렙 산 언약 반포 회상

신 4:15-24: 우상 숭배를 금지함

신 4:25-31: 우상 숭배의 결과

신 4:32-40: 첫 번째 설교의 결론

신 4:41-43: 요단 동편 땅의 세 도피성

1. 하나님의 규례와 법도를 '듣고' '준행'하는 자에게 주어지는 축복은 무엇입니까?(1절)

지금까지 과거에 대한 회상의 말씀을 통해서 교훈하였다면 이제 하나님의 말씀에 대한 결단의 자리로 초청합니다.

"이스라엘아 이제 내가 너희에게 가르치는 규례와 법도를 듣고 준행하라 그리하면 너희가 살 것이요 너희 조상의 하나님 여호와께서 너희에게 주시는 땅에 들어가서 그것을 얻게 되리라"(신 4:1)

하나님의 규례와 법도를 듣고 준행할 때에 살며 하나님께서 주시는 땅에 들어가서 그것을 얻을 수 있습니다. 이는 신명기 4장에서 전하는 첫 번째 가르침입니다. 세상은 많은 자격과 스펙을 요구합니다. 그러나 성경은 우리들이 이 땅에서 갖는 복된 삶을 위해서 세상적인 자격과 스펙이나, 능력을 요구하시는 것이 아닌 바로 말씀의 청종을 가르치시는 것입니다. 인생의 진정한 승리는 바로 말씀 가운데 있는 것입니다. 이는 왜 우리들이 말씀의 자리로 돌아와야 하는가에 관하여 알게 하시는 것입니다.

"내가 온 것은 양으로 생명을 얻게 하고 더 풍성히 얻게 하려는 것이라"(요 10:10)

하나님의 말씀에 관하여 두 가지 곧 그 말씀을 '듣고', '준행'하는 것이 중요한 것처럼 하나님께서 우리에게 주시는 것은 '생명'과 '통치하고 다스리게 하시는 것'입니다.

2. 하나님의 규례와 법도에 관해서 주의해야 할 것은 무엇입니까?(2절)

하나님의 규례와 법도를 듣고 준행하는 것만큼 중요하고 주의하여야 할 것은 하나님의 말씀을 가감하지 않는 것입니다. 이는 신명기 4장의 모세의 첫 번째 설교의 두 번째 가르침입니다.

"내가 너희에게 명령하는 말을 너희는 가감하지 말고 내가 너희에게 내리는 너희 하나님 여호와의 명령을 지키라"(2절)

말씀의 자리로 돌아온 것은 잘한 일이나 자기 식대로 말씀을 재단하는 일은 재앙을 자초하는 일이 될 것입니다.

"내가 이 두루마리의 예언의 말씀을 듣는 모든 사람에게 증언하노니 만일 누구든지 이것들 외에 더하면 하나님이 이 두루마리에 기록된 재앙들을 그에게 더하실 것이요 만일 누구든지 이 두루마리의 예언의 말씀에서 제하여 버리면 하나님이 이 두루마리에 기록된 생명나무와 및 거룩한 성에 참여함을 제하여 버리시리라"(계 22:18-19)

3. 바알브올의 교훈은 무엇입니까?(3-4절)

바알브올의 사건의 구체적인 이야기는 민수기 25장에서 전합니다. 이스라엘이 싯딤에 있을 때에 발람의 꾀에 의해서 모압 여자들과 음행한 사건으로 그들의 음행은 단지 음행뿐만 아니라 바알 신에게 절하므로 바알브올에 가담하였습니다. 이 사건은 이스라엘이 하나님의 말씀을 온전히 붙들지 못함에 있는 것입니다. 바알브올의 사건은 하나님의 말씀을 떠난 자들의 심판에 관한 것입니다. 결국 하나님의 말씀을 떠난 자들이 심판을 받고 하나님의 약속의 땅에 들어가지 못하였던 바와 같이 하나님의 규례와 법도를 떠난 자들은 이와 같은 심판을 받게 됩니다.

이는 신명기 4장에서 전하는 세 번째 가르침입니다. 바알브올에 대한 경계는 종교적 혼합주의에 대한 경계입니다. 두 번째 교훈에서 말씀에 대한 가감을 경계하셨다면 세 번째 교훈은 말씀에 세상적인 것을 섞는 일입니다.

"너희는 믿지 않는 자와 멍에를 함께 메지 말라 의와 불법이 어찌 함께 하며 빛과 어두움이 어찌 사귀며 그리스도와 벨리알이 어찌 조화되며 믿는 자와 믿지 않는 자가 어찌 상관하며 하나니의 성전과 우상이 어찌 일치가 되리요"(고후 6:14-16)

4. 참된 지혜와 지식은 무엇입니까?(5-6절)

하나님의 규례와 법도를 지키는 것이 지혜와 지식입니다. 이는 앞선 1절의 말씀의 계속입니다. 하나님의 말씀을 듣고 준행하는 자에게 생명과 땅을 약속하셨으며 그들이 바로 지혜와 지식이 있는 백성이 되는 것입니다.

5. 하나님의 규례와 법도가 값진 이유는 무엇입니까(7-8절)

이스라엘이 하나님께 기도할 때마다 그들과 같이 가까이 하심을 얻은 나라가 없으며 이처럼 공의로운 이 규례와 법도가 있는 나라가 없기 때문입니다. 이 율법은 오직 이스라엘에게만 주어진 것입니다.

6. 모세가 율법 수여의 상황을 회고하며 가르친 바는 무엇입니까?(9-14절)

신명기 4장, 곧 모세의 첫 번째 설교의 마지막 결어로서 모세가 주는 네 번째 가르침은 말씀의 전수입니다. 율법의 신적인 권위를 생생히 회고하는 본문 속에서 모세는 너는 그 일들을 네 아들들과 네 손자들에게 알게 하라 하였습니다. 참된 말씀 가운데에서의 생활이란 그 말씀을 준행하고, 그대로 지키며, 말씀에 혼합하지 않을 뿐만 아니라 이제 말씀을 전수하는 삶을 사는 것입니다.

"네가 호렙 산에서 네 하나님 여호와 앞에 섰던 날에 여호와께서 내게 이르시기를 나에게 백성을 모으라 내가 그들에게 내 말을 들려주어 그들이 세상에 사는 날 동안 나를 경외함을 배우게 하며 그 자녀에게 가르치게 하리라"(신 4:10)

7. 우상의 형상을 조각함을 금하신 말씀을 살펴봅시다(15-24절).

호렙 산 불길 중에서 말씀하심은 하나님의 말씀이 얼마나 엄중한가를 알게 하십니다. 네 하나님 여호와는 소멸하는 불이시요 질투하시는 하나님이시라고 하셨습니다(24절). 이제 신명기 4장의 모세의 다섯 번째 교훈은 우상의 형상을 만들지 말라는 것입니다. 이는 십계명의 제2계명과 관련됩니다.

"너희는 스스로 삼가 너희의 하나님 여호와께서 너희와 세우신 언약을 잊지 말고 네 하나님 여호와께서 금하신 어떤 형상의 우상도 조각하지 말라"(신 4:23)

우상의 조각은 하나님에 대한 왜곡이며, 하나님을 제한하는 것이며, 하나님을 섬기되 하나님이 아닌 것을 섬기며(9절), 하나님과의 인격적인 교제를 제한하는 것입니다. 이는 하나님께서 강력하게 금하신 바라는 것을 잊지 말아야 할 것입니다. 곧 이는 하나님께서 불 가운데에서 명령하시는 말씀입니다.

하나님께서는 우상숭배의 죄와 그 심판에 관하여 이스라엘이 요단강을 건넌 후에 우상숭배와 그 심판됨을 통해서 우리들에게 교훈적으로 보여주고 있습니다. 이스라엘이 요단을 건넌 후에 우상숭배에 빠짐으로 그 땅에서 쫓겨나 이방 여러 민족 가운데로 흩어져 사람의 손으로 만든 바 보지도 못하고 듣지도 못하고 먹지도 못하고 냄새도 맡지 못하는 목석의 신들을 섬기게 될 것입니다.

모세의 여섯 번째 교훈은 이스라엘의 심판이 아닌 회복에 있습니다. 비록 그들이 우상숭배로 하나님의 심판을 받는다고 할지라도 그 마음을 돌이킬 때에 하나님께서 그들을 만나주실 것입니다.

"그러나 네가 거기서 네 하나님 여호와를 찾게 되리니 만일 마음을 다하고 뜻을 다하여 그를 찾으면 만나리라 이 모든 일이 네게 임하여 환난을 당하다가 끝날에 네가 네 하나님 여호와께로 돌아와서 그의 말씀을 청종하리니 네 하나님 여호와는 자비하신 하나님이심이라 그가 너를 버리지 아니하시며 너를 멸하지 아니하시며 네 조상들에게 맹세하신 언약을 잊지 아니하시리라"(신 4:29-31)

모세의 마지막 일곱 번째 교훈은 하나님의 유일성에 대한 가르침입

니다. 하나님께서는 이스라엘 가운데 출애굽의 큰 일을 행하사 여호와
는 하나님이시며 하나님 외에는 다른 신이 없음을 이스라엘로 알게 하
시며 또한 그들을 교훈하시기 위하여 하늘에서부터 그 음성을 발하시
고 땅에서는 큰 불을 보이시고 그 불 가운데 말씀하셨습니다. 그러므
로 믿음의 사람들은 위로 하늘에나 아래로 땅에 오직 여호와는 하나님
이시요 다른 신이 없는 줄을 알아 여호와의 규례와 그 명령을 지킬 것
입니다.

10. 요단 동편 땅의 세 도피성에 관하여 살펴봅시다(41-43절).

모세의 첫 번째 설교가 끝난 뒤에 모세는 요단 동편 이편 해 돋는 편에
서 세 성읍을 구별하였습니다. 곧 모세의 첫 번째 설교의 마지막은 도피
성에 관한 규례의 말씀으로 마무리합니다. 광야 평원에 있는 베셀은 르
우벤 지파를 위한 것이며 길르앗 라못은 갓 지파를 위한 것이며 바산 골
란은 므낫세 지파를 위한 것입니다. 41절의 '그때에'라는 부사구는 요
단 동편에 세워진 도피성이 앞부분에서 강조하는 율법과 관계가 있음
을 암시합니다.[6] 요단 동편의 세 도피성은 이미 이루어진 정복을 보여
주며, 아직 이루어지지 않은 요단 서편의 정복과 통치를 기대케 합니다.

---

6)   목회와신학 편집부, 『신명기』(서울: 두란노아카데미, 2008), 241쪽.

요단 서편	요단 동편
게데스	바산 골란
세겜	길르앗 라못
헤브론	베셀

묵 상

01 모세의 첫 번째 설교 중에 특별히 마음에 와닿는 교훈에 관하여 나누어 봅
시다.

02 모세의 첫 번째 설교의 7가지 교훈에 관하여 나누어 봅시다.

03 모세의 첫 번째 설교는 무엇을 중심으로 하여서 교훈합니까? 자신의 경험
에 관하여 나누어 봅시다.

되새김

하나님의 규례와 법도를 지켜야 할 당위성과 그 축복과 저주를 통한 모세의 가르
침은 가나안 입성을 앞둔 이스라엘뿐만 아니라 오늘을 살고 있는 우리들을 향한
교훈입니다. 호렙산에서 이스라엘이 겪은 체험과 그들이 광야에서 얻은 교훈은
이스라엘로 하여금 그들의 사는 날 동안 하나님 경외함을 배우게 하였습니다. 이
제 이스라엘이 그 규례와 법도를 지키며 이를 그들의 자녀들에게 가르쳤듯이 오
늘을 사는 우리들의 삶 속에서 말씀을 듣고 지키는 가운데 하나님을 경외하기를
배우며 이를 우리의 자녀들에게 가르치기 위하여 힘써야 할 것입니다.

신명기

제2부

제2설교 1
(4장44-11장)

PART

05

십계명
4장44~6장3절

Key Point

이번 과는 모세의 두 번째 설교의 시작으로 십계명을 중심으로, 두 번째 설교의 도입부와 십계명과 모세의 중보자 역할로 이루어져 있습니다. 모세가 이와 같이 하나님의 규례를 가르치는 것은 이스라엘로 하나님을 경외케 하며 하나님을 말씀을 지킴으로 그들로 복되게 하려는 것입니다.

본문 이해

모세의 제1설교가 끝나고(신 1:1-4:43), 이번 과로부터 모세의 두 번째 설교가 시작됩니다(신 4:44-26:19). 모세의 두 번째 설교는 다시 크게 두 부분으로 나누어집니다. 전반부인 신명기 4장44-11장32절까지의 말씀은 구체적인 율법의 세부 말씀 이전에, 말씀의 원리와 목적, 축복, 말씀 준수의 의미, 이유, 말씀에 대한 자세와 결단 등에 관하여 제시하며, 후반부인 12장-26장의 말씀은 십계명에 기초한 구체적인 말씀의 세부 사항에 관하여 전합니다.

첫 번째 모세의 설교가 말씀에 대한 순종을 촉구하면서도 그 바탕에는 경험을 근거로 한 과거적인 말씀이라면 모세의 두 번째 설교는 현재적인 말씀이며 그 바탕에는 하나님의 말씀에 근거하고 있는 특징을 가집니다. 이는 우리들의 믿음의 성숙은 처음에는 삶의 경험과 간증으로 시작한다면 이제 믿음의 견인이 삶의 경험이 아닌 말씀으로 말미암아야 함을 가르치시는 것입니다. 곧 이전의 말씀은 이전 세대인 출애굽 세대의 실패로부터 교훈을 삼았습니다. 이는 우리들의 삶의 성장과 성숙에 한 가르침을 줍니다. 이전의 우리의 신앙을 이끎이 삶의 체험으로부터 기인한다면 이제 신앙의 성숙된 자를 이끎은 바로 말씀으로 말미암은 것입니다.

이제 두 번째 설교는 도입부를 지나 구체적으로 말씀의 원리가 되는 십계명으로부터 시작합니다. 신명기 5장의 십계명의 말씀은 출애굽기 20장의 출애굽의 말씀의 반복입니다. 그러나 단순한 반복이며 연속이라고 생각해서는 안됩니다. 광야 세대가 이전의 출애굽 세대의 연속이지만 그들의 불순종에 불연속해야 함과 마찬가지로 신명기 5장의 말씀은 출애굽기 20장의 말씀의 단순한 반복이요 연속이라고 생각해서는 안될 것입니다.

출애굽기의 십계명은 호렙산에서 하나님에 의해서 선포되었습니다. 그러나 신명기 5장의 십계명은 모압 평지에서 모세에 의해서 선포되었습니다. 출애굽기의 십계명의 말씀은 호렙산의 불 가운데에서 말씀하셨지만 신명기의 십계명에는 어떠한 이적의 현상도 없었습니다. 출애굽기의 십계명은 출애굽 세대에게 주어진 말씀이셨지만 신명기의 십계명의 말씀은 광야 세대에게, 더 나아가 모든 말씀을 듣는 사람들에게 선포되었습니다.

마지막으로, 이스라엘 백성들은 하나님의 음성을 직접적으로 듣는 것을 두려워함으로 그들을 위한 중보자가 세워질 것을 구하였습니다. 중보자의 역할은 하나님의 뜻을 잘 전달함에 목적이 있어야 할 것입니다. 오늘날 목회자는 좋은 중보자적인 역할을 하여 때로는 두려움으로, 때로는 무지함으로, 때로는 연약함으로 하나님의 말씀을 듣지 못하는 자들에게 살아계신 하나님의 말씀을 잘 전달할 수 있어야 할 것입니다.

■ 신명기 4장44-6장3절의 구조적 이해

신 4:44-49: 두 번째 설교의 서론

신 5:1-5: 호렙산 언약의 의의

신 5:6-21: 십계명

신 5:22-27: 모세의 중재- 백성들의 요구

신 5:28-33: 모세의 중재- 하나님의 응답

신 6:1-3: 율법 준수의 목적

1. 모세의 두 번째 설교는 어디로부터 어디까지입니까?

4장44절~26장19절까지

2. 모세의 설교가 행하여졌던 때와 장소, 그 내용은 무엇입니까?(4장 44-49절)

모세의 첫 번째 설교와 두 번째 설교는 각각의 도입부가 있습니다.

첫 번째 설교의 도입부: 신 1:1-5

두 번째 설교의 도입부: 신 4:44-49

모세의 두 번째 설교의 도입부에서는 다시 한번 모세의 설교가 이루어진 때와 장소에 관하여 언급하나 첫 번째 설교의 도입부와 달리 그 구체적인 시간을 제외하고 때와 상황을 설명합니다.

때(46-47절): 아모리 두 왕 시혼과 옥을 멸하고 그 땅을 얻은 후에

장소(46-49절): 요단 동편 벳브올 맞은편 골짜기

내용(44-45절): 이스라엘 자손이 애굽에서 나온 후에 모세의 증언과 규례와 법도

3. 이스라엘에게 명하시는 네 가지를 살펴봅시다(5장1절).

신명기에서는 중요한 도입구에 '이스라엘아 들으라'(쉐마 이스라엘)를 반복합니다.[7]

No	쉐마 이스라엘
1	5장1절
2	6장4절
3	9장1절
4	20장3절
5	27장9절

쉐마 이스라엘이라는 이스라엘아 들으라는 명령을 포함하여 5장1절에는 네 가지 주목해야 할 말씀이 있습니다.

① 샤마(듣다)

② 라마드(배우다, 가르치다)

---

7) 장일선, 『대한기독교서회 창립 100주년 기념 성서주석: 신명기』(서울: 대한기독교서회, 1993), 158쪽.

③ 샤마르(지키다)

④ 아사(행하다)

이는 말씀을 듣고 배우며 지키고 행하여야 함을 교훈합니다.

이는 말씀에 대한 4단계를 우리들에게 알게 합니다. 첫째, 샤마는 기본적으로 '듣는다'는 의미입니다. 그러나 '샤마'는 '듣는다' 외에 '경청하다', '순종하다'는 의미도 있습니다. 그러므로 진정으로 듣는 것은 주의 깊게 듣는 것을 의미하며 더 나아가 듣는 것으로 멈추는 것이 아니라 듣고 순종함까지 포함하는 아주 중요한 말이 됩니다. 말씀을 들을 때에 자세가 중요합니다. 참된 들음은 그 들음의 자세와 더불어 그 말씀에 순종함으로 나타납니다.

둘째, '라마드'는 기본적으로 '배우다'라는 의미입니다. 그러나 라마다는 '배우다'라는 의미 외에 '가르치다', '훈련하다'는 의미를 가집니다. 그러므로 배울 때에 가르칠 수 있으며 더 나아가 배움은 하나의 훈련이 되어야 합니다.

세 번째, '샤마르'는 기본적으로 '지키다'라는 뜻입니다. 지킨다는 것은 어떠한 보이지 않는 선을 넘지 않음으로 이해할 수 있습니다. 시간을 지키고, 규칙을 지킵니다. 그러나 더 중요한 말씀을 지켜야 합니다. 규칙을 지키지 않을 때에 경기에서 우승을 할 수 없습니다. 이제 말씀을 지키지 않을 때에 복을 받을 수 없는 것입니다.

마지막 교훈으로 '아사'는 기본적으로 '행하다'는 뜻입니다. 이는 말씀 안에서 사는 것으로, 말씀으로 자신의 삶을 사는 것으로 이해할 수 있습니다. 말씀의 깊은 의미를 알고 깨닫고 이를 통하여 사는 것입니다. 곧 보다 말씀이 생활화가 되고 습관화가 되어 말씀에 젖은 자연스러운 삶의 모습을 교훈합니다.[8]

4. 하나님의 언약은 누구와 세우신 것입니까?(5장3절)

하나님의 언약은 그들의 열조와 세우신 것이 아니요 살아 있어 가나안 입성을 앞둔 새로운 세대와 세우신 것입니다. 이는 하나님의 언약은 옛사람들뿐만 아니라 오늘날 살아 있는 모든 세대와 세우신 것임을 가르치시는 것입니다.

5. 출애굽기 20장에서 이미 말씀하신 십계명의 반복이 주는 교훈은 무엇입니까?

내용적으로도 신명기의 십계명의 반복은 출애굽기의 내용을 보완 또

---

8) 추가적으로 다음과 같은 말씀의 과정을 나눕니다.
   ① Knowing The Word
   ② Interpreting The Word
   ③ Doing The Word
   ④ Living The Word

는 추가하고 있습니다. 그러나 보다 중요한 것은 십계명이 출애굽한 1세대를 향한 것이라 보다 직접적으로 이제 가나안 땅에 들어가는 2세대와 그 이후의 모든 세대를 향한 것이기에 말씀은 다시 한번 이를 반복하고 있는 것입니다.

6. 내용적인 면에 있어 출애굽기 20장과 신명기 5장을 비교하여 봅시다.

보다 구체적인 십계명의 의미와 교훈에 관하여서는 교재 '출애굽기'를 참고 바랍니다.

십계명의 처음 4계명은 하나님과 관련되어 3가지 금지 조항과 한 가지 지켜야 할 조항에 관하여 전합니다.

첫 번째 계명은 하나님의 유일성을 강조하시며 다른 신들을 두지 말라 하였습니다. 하나님께서는 다른 신들을 하나님과 함께 두는 것을 가증히 여기시며 싫어하십니다.

두 번째 계명은 하나님께서 싫어하시는 바는 우상의 형상으로 이는 일차적으로는 하나님의 형상을 조각화하는 것입니다. 이는 하나님에 대한 왜곡으로 결국 하나님까지 우상화하기 때문입니다. 이 땅의 무엇으로도 하나님을 대신할 수 있는 것은 없는 것입니다.

세 번째 계명은 하나님의 이름을 수단화하는 것을 금하십니다. 이는 하나님의 이름이 오용되는 것을 지극히 싫어하심을 알게 하십니다. 하나님을 섬기고자 하는 사람들은 하나님께서 싫어하시는 것이 무엇인지부터 분별하여야 합니다.

4계명은 출애굽기 20장과 비교하여 주목하여야 할 바가 됩니다. 약간의 차이가 있음에도 불구하고 대부분 일치하는 가운데 다만 4계명의 안식일 준수 계명에 있어서 신학적인 동기가 추가됨을 살필 수 있습니다. 곧 출애굽기 20장에서는 하나님의 창조에 근거하여 안식일을 규정하였으나 신명기 5장에서는 창조의 의미를 넘어 출애굽의 구속에 근거하여 안식일 준수를 명하시고 있습니다.

"너는 기억하라 네가 애굽 땅에서 종이 되었더니 네 하나님 여호와가 강한 손과 편 팔로 거기서 너를 인도하여 내었나니 그러므로 네 하나님 여호와가 네게 명령하여 안식일을 지키라 하느니라"(신 5:15)

7. 첫 번째 돌판에 새겨진 십계명의 말씀에 관하여 나누어 봅시다(22절).

십계명에 대한 말씀에 이어 하나님께서 친히 돌판을 준비하시고 그 돌판에 계명을 써서 모세에게 주심을 증거합니다. 십계명의 말씀은 온 백성이 음성으로 하나님께 직접 들은 바입니다. 하나님께서 '더 말씀하지 아니하심'은 십계명 외에 다른 말씀은 백성들이 직접 들은 말씀이 아닌 모세를 통해서 전해받은 말씀임을 알게 합니다.

8. 백성들은 하나님의 음성에 무엇을 요구하였습니까?(23-33절)

이스라엘 백성들은 직접적인 하나님의 음성에 두려워하며 하나님께서 직접 자신들에게 말씀하실 것이 아니라 모세를 통해서 듣고 준행할 것을 요구합니다. 그들의 요구를 하나님께서 좋게 여기시어 하나님께서는 모세를 통해서 하나님의 뜻을 전하셨습니다.

9. 모세가 하나님의 법을 가르친 목적과 그 축복은 무엇입니까?(6장1-3절)

모세가 하나님의 명령과 규례와 법도를 가르침은 그들로 하나님을 경외하며 그들에게 명한 그 모든 규례와 명령을 지키게 하기 위한 것이며 이에 대한 축복으로 그들의 날이 장구케 될 것이며 복을 얻고 열조에게 하나님께서 허락하심과 같이 젖과 꿀이 흐르는 땅에서 그들의 수효가 심히 번성케 되는 것입니다.

묵상

01 말씀에 대한 4가지 가르침에 관하여 나누어 봅시다.

02 하나님의 말씀은 누구에게 주시는 말씀입니까?

03 하나님의 말씀을 직접 들었던 이스라엘의 요구를 통해서 느끼는 바에 관하여 나누어 봅시다.

되새김

하나님을 경외하는 것은 하나님의 말씀을 지킴으로 말미암은 것입니다. 하나님의 말씀을 멀리하고는 결코 하나님을 경외하지도 바른 신앙을 유지할 수 조차 없는 것입니다. 또한 하나님의 말씀을 듣고 부지런히 가르치는 일을 게을리하는 것만큼 큰 게으름은 없습니다. 자녀에 대한 사랑은 하나님의 말씀을 부지런히 가르침으로 이루어져야 하는 것입니다. 하나님의 말씀은 오늘 나에게 향한 말씀이며 이 말씀은 또한 우리들의 후손들에게 부지런히 가르쳐야 하는 것입니다.

PART

06

쉐마 이스라엘
6장4~25절

Key Point

이번 과는 이스라엘 신앙의 근간을 이루는 '쉐마'에 관하여 나눕니다. 쉐마는 하나님의 유일성과 더불어 하나님을 사랑하는 법에 관하여 가르치며 믿음과 신앙이 모든 삶의 중심이 되어야 함을 교훈합니다.

본문 이해

　신명기 6장은 크게 세 부분으로 나누어집니다. 4-9절은 하나님을 어떻게 사랑하는가에 관한 말씀이며, 10-19절은 신앙의 위기는 어떻게 찾아오는가에 관한 말씀이며, 마지막 20-25절은 신앙의 전수에 관하여 말씀하십니다.

　우리는 진실로 하나님을 사랑한다고 말할 수 있습니까? 하나님을 사랑하지 않는 것도 문제지만 하나님을 어떻게 사랑하는지 알지 못하는 것 또한 문제가 됩니다. 이번 과는 하나님을 사랑하되 어떻게 사랑해야 하는가에 관하여 알게 하심에 큰 의의가 있습니다. 이는 보다 긍정적이며 능동적인 교훈의 말씀입니다.

　또한 불순종에 대한 경고는 신앙의 위기는 어떠한 모습으로 찾아오는지를 알게 하십니다. 세 가지 신앙의 위기는 믿음의 여정에서 만나는 위기로 삶의 풍요와 삶의 변화와 삶의 고통 속에서 하나님에 대한 초점을 잃어버리고 마는 것입니다. 이는 보다 부정적이며 수동적인 교훈의 말씀입니다.

　하나님 사랑에 대한 긍정적인 말씀의 교훈과 불순종에 대한 경고의 부정적인 교훈에 동일한 가르침은 이 가르침을 자녀들에게 전수하라는 것입니다. 신앙에 있어서 그 말씀을 듣고 배우고 지키고 행하는 것만큼 중요한 것은 바로 그 신앙이 자신의 당대로 머무는 것이 아니라 자녀들에게 가르침으로 전수하는 일입니다.

■ 신명기 6장4-25절의 구조적 이해

신 6:4-9: 쉐마 이스라엘

신 6:10-13: 첫 번째 신앙의 위기- 풍요

신 6:14-15: 두 번째 신앙의 위기- 우상 숭배

신 6:16-19: 세 번째 신앙의 위기- 불신

신 6:20-25: 신앙의 전수

1. 이스라엘의 종교 교육의 근간이 되는 쉐마를 살펴봅시다(4-9절).

이스라엘은 신명기 6장4-9절을 4절의 첫 단어를 따라 '쉐마'라고 부르며 매일 기도문으로 사용합니다.

"이스라엘아 들으라 우리 하나님 여호와는 오직 유일한 여호와이시니 너는 마음을 다하고 뜻을 다하고 힘을 다하여 네 하나님 여호와를 사랑하라 오늘 내가 네게 명하는 이 말씀을 너는 마음에 새기고 네 자녀에게 부지런히 가르치며 집에 앉았을 때에든지 길을 갈 때에든지 누워 있을 때에든지 일어날 때에든지 이 말씀을 강론할 것이며 너는 또 그것을 네 손목에 매어 기호를 삼으며 네 미간에 붙여 표로 삼고 또 네 집 문설주와 바깥 문에 기록할지니라"(4-9절)

쉐마는 다음의 세 가지를 강조합니다. 첫째, 하나님의 유일성을 가르칩니다. 이는 제1계명을 바탕으로 합니다. 하나님은 유일한 한 분 여호와이십니다. 이스라엘이 섬기는 하나님은 여러 신들 가운데 한 신이 아닌 유일한 한 하나님이십니다. 다신교적 문화 속에서 오직 하나님의 유일신이 되심을 강조하며 하나님만이 참신임을 가르치는 것입니다.

둘째, 쉐마는 '하나님 사랑'을 가르칩니다. 하나님 사랑은 '다하는'(all) 사랑입니다. 부분적인(part) 사랑이 아닙니다. 곧 마음을 다하고 뜻을 다하고 힘을 다하여 네 하나님 여호와를 사랑하라 하였습니다. 또한 하나님 사랑은 '마음'과 '뜻'과 '힘'을 다하는 것입니다. 마음은 '레바브'로 이는 인간의 중심을, 뜻은 '네페쉬'로 이는 생명을, 힘은 '메오드'로 활동력을 가르칩니다. 그러므로 하나님을 사랑한다는 것은 자신의 중심을 드리며, 생명을 드리며, 온 힘을 다 드리는 것입니다.

개역한글	마음	성품	힘		
개역개정	마음	뜻	힘		
마태복음	마음	목숨	뜻		22:37
마가복음	마음	목숨	뜻	힘	12:30
누가복음	마음	목숨	뜻	힘	10:27
NIV	heart	soul	strength		
KJV	heart	soul	might		
히브리어	레바브	네페쉬	메오드		
헬라어	카르디아	프쉬케	디아노이아	이스퀴스	

셋째, 쉐마는 모든 삶의 중심이 되어야 합니다. 먼저 쉐마는 개인의 삶의 중심이 되어야 합니다. '오늘 내가 네게 명하는 이 말씀을 너는 마음에 새기고'(6절) 그러므로 말씀은 돌비에 새기는 것이 아니라 마음에 새겨야 하는 것입니다. 또한 쉐마는 가정의 중심이 되어야 합니다. '네 자녀에게 부지런히 가르치며 집에 앉았을 때에든지 길을 갈 때에든지 누워 있을 때에든지 일어날 때에든지 이 말씀을 강론할 것이며'(7절) 믿음과 신앙은 개인을 넘어 가정으로 확장되어 신앙의 전수를 중요시합니다. 더 나아가 쉐마는 공동체의 삶의 중심이 되어야 합니다. '너는 또 그것을 네 손목에 매어 기호를 삼으며 네 미간에 붙여 표로 삼고 또 네 집 문설주와 바깥 문에 기록할지니라'(8-9절) 이미 마음에 새겨야 할 말씀은 단순히 외적인 의미로서 기호와 표를 삼음이 아닌 모든 생활의 중심이 되어야 하며 더 나아가 집 문설주와 동네의 성문을 의미하는 바깥 문에 기록함으로 공동체의 중심이 되어야 함을 가르칩니다.

2. 불신앙으로 경계하여야 할 세 가지는 무엇입니까?(10-19절)

말씀이 경계하는 불신앙의 모습은 세 가지로 나타납니다. 첫째, 이스라엘이 가나안 땅에서 얻을 풍요로움의 위기가 있습니다(10-13절). 이러한 풍요로움은 자칫 그들을 애굽에서 인도하여 내신 하나님을 잃어버리는 불신앙으로 이어질 위기가 되는 것입니다. 믿음의 사람들은 이 땅에서 얻는 모든 풍요로움이 하나님께로 말미암음을 알고 감사할 것이나 그것에 취하여 하나님을 잊어버리지 않도록 경계하여야 할 것입니다.

둘째, 우상 숭배의 위기가 있습니다(14-19절). 곧 사면에 있는 백성들이 다른 신들을 따르는 것을 보며 그 신들을 좇을 위기가 있는 것입니다. 유목 문화를 가진 이스라엘이 가나안 땅에 들어가 농사를 지을 때에 농사의 신인 가나안 신들을 섬길 우려가 있는 것입니다. 그들은 가나안 사람들의 문화를 전수받고 더 나아가 그들의 신을 섬기게 될 위기가 있는 것입니다. 그러나 하나님은 질투의 하나님이신즉 우상 숭배하는 자들을 결국 지면에서 멸절시키실 것입니다. 믿음의 사람들은 이 땅의 사람들의 가치관과 그들의 섬기며 살아가는 것들을 바라보며 그것들에 물들지 않도록 주의하여야 할 것입니다.

셋째, 맛사의 교훈입니다. 맛사의 교훈은 곧 하나님을 시험함에 있습니다. 맛사의 사건은 출애굽기 17장1-7절에 잘 나타나 있습니다. 이스라엘은 위기에 처하였을 때에 하나님을 주권을 의심하고 다투었으며 또한 그들이 하나님을 시험하여 이르기를 여호와께서 우리 중에 계신가 아닌가 하였습니다. 모세는 동일한 위기가 이스라엘이 가나안 땅에 이를 때에 맛사에서 같이 있을 것을 알게 하였습니다. 하나님을 시험하지 말고 하나님의 규례를 삼가 지키며 여호와의 보시기에 정직하고 선량한 일을 행하면 복을 받고 그 땅에 들어가서 여호와께서 모든 대적을 네 앞에서 쫓아내시겠다고 조상들에게 맹세하신 아름다운 땅을 얻을 것을 가르쳤습니다.

3. 후일에 이스라엘이 왜 계명을 지켜야 하는지 그들의 자손들이 물을 때에 대답할 말은 무엇입니까?(20-25절)

　이스라엘이 하나님의 규례를 지켜야 하는 것은 그들을 애굽에서 인도하여 내신 구원으로 말미암은 것입니다. 이스라엘을 구원하신 하나님께서는 이스라엘을 열조에게 언약하신 땅으로 들이셨으며 또한 하나님의 규례를 지키라고 명하셨습니다. 이 규례는 하나님을 경외하게 하며 항상 복을 누리게 하기 위함입니다. 주의할 것은 이스라엘의 의로움은 그들의 계명 자체를 지킴에 있는 것이 아니라 이 규례를 통한 하나님과의 관계 속에 있는 것입니다.

묵상

01 쉐마의 교훈에 관하여 나누어 봅시다.

02 신앙의 세 가지 큰 위기에 관하여 나누어 봅시다.

03 신앙의 전수에 관하여 나누어 봅시다.

되새김

신앙의 위기는 세상에 대한 문제이기 전에 먼저 하나님과의 관계에 문제입니다. 세상의 풍요 속에서 또는 세속화된 세상 속에서 그 믿음을 잃어버림은 결국 하나님을 사랑하지 못하고 하나님과 깊은 관계를 누리지 못함으로 말미암는 것입니다. 그러므로 무엇보다도 힘쓸 것은 바로 하나님을 바로 알고 하나님을 사랑함에 있습니다.

PART

07

우상을 진멸하라
7장1~26절

Key Point

신명기 6장의 말씀이 제1계명에 관련된 말씀으로 하나님을 사랑하라는 말씀을 전한다면 신명기 7장의 말씀은 제2계명에 관련된 말씀으로 우상을 진멸하라 명하심으로 우상 숭배에 관하여 경계하십니다. 이처럼 이스라엘이 우상을 진멸할 때에 그들은 거룩한 삶을 살며 말씀에 대한 순종으로 축복을 누릴 수 있는 것입니다.

본문 이해

제1계명에 '나 외에는 다른 신들을 네게 두지 말지니라'(신 5:7)고 하셨습니다. 이에 관하여 6장의 쉐마의 말씀은 우리가 어떻게 하나님을 사랑해야 하는지에 관하여 알게 합니다.

"이스라엘아 들으라 우리 하나님 여호와는 오직 유일한 여호와이시니 너는 마음을 다하고 뜻을 다하고 힘을 다하여 네 하나님 여호와를 사랑하라"(신 6:4-5)

전체적으로 6장의 말씀은 곧 제1계명의 가르침 안에 있습니다.

이제 7장의 말씀은 제2계명의 말씀을 가르칩니다. 제2계명의 말씀을 따라 '너를 위하여 새긴 우상을 만들지 말고...'(신 5:8)를 넘어 우상에 대한 진멸을 명하시고 있습니다. 제2계명과 동일한 약속을 하십니다.

"그것들에게 절하지 말며 그것들을 섬기지 말라 나 네 하나님 여호와는 질투하는 하나님인즉 나를 미워하는 자의 죄를 갚되 아버지로부터 아들에게로 삼사 대까지 이르게 하거니와 나를 사랑하고 내 계명을 지키는 자에게는 천 대까지 은혜를 베푸느니라"(신 5:9-10)

"그런즉 너는 알라 오직 네 하나님 여호와는 하나님이시오 신실하신 하나님이시라 그를 사랑하고 그의 계명을 지키는 자에게는 천 대까지 그의 언약을 이행하시며 인애를 베푸시되 그를 미워하는 자에게는 당장에 보응하여 멸하시나니 여호와는 자기를 미워하는 자에게 지체하지 아니하시고 당장에 그에게 보응하시느니라"(신 7:9-10)

■ 신명기 7장의 구조적 이해

신 7:1-5: 가나안 우상의 멸절에 대한 명령
신 7:6-11: 이스라엘이 하나님의 성민이 된 이유
신 7:12-16: 율법 준수의 축복
신 7:17-24 가나안 정복의 명령
신 7:25-26: 가나안 우상에 대한 경계

1. 쫓겨나게 될 일곱 족속은 어느 족속입니까?(1절)

헷 족속, 기르가스 족속, 아모리 족속, 가나안 족속, 브리스 족속, 히위 족속, 여부스 족속

2. 성민 된 이스라엘을 위하여 하나님께서 하실 일은 무엇입니까?(1-2절)

하나님께서는 이스라엘을 인도하사 이스라엘로 가서 얻을 땅으로 들이시고 이스라엘 앞에서 여러 민족 곧 이스라엘보다 많고 힘이 센 일곱 족속을 쫓아내실 때에 그들을 이스라엘에 붙여 이스라엘로 치게 하시어 그들을 진멸할 것입니다.

3. 이스라엘이 하지 말아야 할 일과 그 이유는 무엇입니까?(2-4절)

이스라엘은 1. 그들과 어떤 언약도 하지 말아야 하며 2. 그들을 불쌍히 여기지도 말아야 하며, 3. 그들과 혼인하지 말아야 했습니다. 이는 가나안 족속이 이스라엘의 아들을 유혹하여 그로 여호와를 떠나고 다른 신들을 섬기게 하므로 여호와께서 진노하사 갑자기 이스라엘을 멸하실 것이기 때문입니다.

4. 이스라엘이 행하여야 할 것은 무엇입니까?(5절)

이스라엘이 행할 일은 1. 그들의 제단을 헐며, 2. 주상을 깨뜨리며, 3. 아세라 목상을 찍으며 4. 조각한 우상을 불사르는 것입니다.

5. 이스라엘의 성민 됨과 그 이유를 살펴봅시다(6-8절).

하나님께서는 지상 만민 중에서 이스라엘을 자기 기업의 백성으로 택하셨습니다. 이와 같이 하나님께서 이스라엘을 기뻐하시고 성민으로 택하신 이유는 이스라엘이 다른 민족보다 수효가 많은 연고가 아닙니다. 왜냐하면 이스라엘은 모든 민족 중에 가장 적기 때문입니다. 다만 1. 하나님께서 이스라엘을 사랑하심을 인하여 2. 또는 이스라엘 열조에게 하신 맹세를 지키시기 위함입니다.

이스라엘이 가나안 족속을 몰아낼 수 있었던 것은 그들이 많거나 강하였기 때문이 아닙니다. 말씀은 이스라엘이 적음을 계속적으로 밝히십니다.

'곧 너보다 많고 힘이 센 일곱 족속을 쫓아내실 때에'(1절)

'너희는 오히려 모든 민족 중에 가장 적으니라'(7절)

'네가 혹시 심중에 이르기를 이 민족들이 나보다 많으니 내가 어찌 그를 쫓아낼 수 있으리요 하리라마는'(17절)

하나님께서는 이처럼 약하고 적은 이스라엘을 통하여 일하심으로 이 일이 사람의 힘으로 말미암은 것이 아닌 하나님으로 말미암은 것이며(1절), 하나님의 사랑하심은 사람의 아름다움과 능력으로 말미암은 것이 아닌 하나님의 사랑으로 말미암은 것이며(8절), 자신을 바라보고 의지하는 것이 아닌 하나님을 의지하여 행하게 하시는 것입니다(18절).

성민 된 이스라엘은 주의하여 자신을 지켜 가나안의 문화에 젖지 말아야 할 것이며, 하나님을 사랑하며, 그의 법도를 지키며, 자신을 바라보는 것이 아닌 하나님을 바라보며 의지하여 담대하여야 하는 것입니다.

6. 하나님께서 성민 된 이스라엘을 위하여 행하신 일은 무엇입니까?(8절)

하나님께서는 자기의 권능의 손으로 이스라엘을 인도하여 내시되 이스라엘을 그 종 되었던 집에서 애굽 왕 바로의 손에서 속량하셨습니다.

7. 하나님께서 성민 된 이스라엘에게 알리시는 것과 요구하시는 것은 무엇입니까?(9-11절)

하나님께서 성민 된 이스라엘로 알게 하시는 것은 오직 네 하나님 여호와는 하나님이시오 신실하신 하나님이심과 그를 사랑하고 그 계명을 지키는 자에게는 천 대까지 그의 언약을 이행하시며 인애를 베푸시되 그를 미워하는 자에게는 당장에 보응하여 멸하시니 자기를 미워하는 자에게 지체하지 아니하시고 당장에 그에게 보응하신다는 것입니다. 이에 하나님께서는 성민 된 이스라엘이 하나님께서 명하시는 명령과 규례와 법도를 지켜 행할 것을 요구하십니다.

8. 하나님의 명령과 규례와 법도를 지켜 행하는 자에게 주시는 축복은 무엇입니까?(12-15절)

하나님의 명령과 규례와 법도를 지켜 행할 때에 1. 하나님께서 그들의 조상들에게 맹세하신 언약을 지켜 인애를 베푸실 것이며 2. 사랑하고 복 주시고 번성케 하시되 3. 주리라고 그들의 조상들에게 맹세하신 땅에서 그들의 소생에게 은혜를 베푸시며 그들의 토지소산과 곡식과 포도주와 기름을 풍성하게 하시고 4. 소와 양을 번식하게 하시며 5. 복 받음이 만민보다 훨씬 더하여 남녀와 짐승의 암수에 생육하지 못함이 없을 것이며 6. 모든 질병을 멀리 하사 애굽의 악질에 걸리지 않게 하시고 그들을 미워하는 모든 자에게 걸리게 하실 것입니다.

9. 하나님께서 붙이신 민족에 대하여 행할 일과 그 이유는 무엇입니까?(16절)

그들을 네 눈이 긍휼히 여기지 말고 진멸하며 그들의 신을 섬기지 말아야 합니다. 왜냐하면 그것이 올무가 될 것이기 때문입니다.

10. 두려워하는 이스라엘에게 주시는 하나님의 격려의 말씀을 살펴봅시다 (17-21절).

이스라엘이 심중에 이르기를 이 민족들이 나보다 많으니 내가 어찌 그를 쫓아낼 수 있으리요 하겠으나 하나님께서 다음과 같은 세 가지 이유로 그들로 두려워 말라고 격려하십니다. 첫째, 그들을 두려워 말고 네 하나님 여호와께서 바로와 온 애굽에 행하신 것을 잘 기억하라 말씀하십니다(18-19절). 둘째, 하나님께서 왕벌을 그들 중에 보내어 그들의 남은 자와 이스라엘을 피하여 숨은 자를 멸하실 것을 말씀하십니다(20절). 셋째, 그들을 두려워 말아야 할 것은 너희 하나님 여호와 곧 크고 두려운 하나님이 너희 중에 계시기 때문입니다(21절).

11. 이제 이스라엘이 주의하여야 할 일들은 무엇입니까?(22-26절)

첫째, 가나안 민족들을 쫓아낼 때에 그들을 급히 멸하지 말아야 했습니다. 두렵건대 들짐승이 번성하여 이스라엘을 해할까 함입니다. 둘째, 그들의 이름을 천하에서 제하여 버리는 것입니다. 셋째, 그들이 조각한 신상들을 불사르고 그것에 입힌 은이나 금을 탐내지 말며 취하지 말 것입니다. 두렵건대 그것으로 인하여 올무에 걸릴까 함이니 이는 하나님께서 가증히 여기시는 것입니다. 넷째, 가증한 것을 네 집에 들이지 않는 것입니다. 그와 같이 진멸당할 것이 될까 함이니 너는 그것을 극히 꺼리며 심히 미워하여야 합니다.

묵상

01 믿음의 사람으로 살아가는데 이 세상에서 나에게 올무가 된 일은 무엇입니까?

02 하나님의 성민 됨에 자랑됨은 무엇입니까?

03 말씀을 지키며 삶에 있어 세상을 두려워하는 우리에게 주시는 하나님의 말씀은 무엇입니까?

되새김

성민으로서의 삶은 축복된 것이나 세상과의 타협은 오히려 올무가 되며 그 올무로 말미암아 세상이 심판을 받을 때에 함께 멸망되기도 하는 것입니다. 그러므로 믿음의 사람들은 세상에 어떠한 타협도 생각하지 말아야 할 것입니다. 때때로 세상이 두렵게 느껴지기는 하나 하나님의 행하신 일들을 기억하고 하나님의 행하실 일들 더 나아가 오늘 나와 함께 하시는 하나님을 바라보아야 할 것입니다.

PART

08

기억하라
8장 1~20절

Key Point

8장은 두 가지 기억에 대한 말씀입니다. 곧 이스라엘의 광야 생활에 대한 기억과 하나님 자신에 대한 기억입니다. 이스라엘의 광야 생활과 가나안 생활은 주어진 환경은 변화하였지만 그들의 삶을 주관하시고 인도하시는 하나님은 동일한 것입니다. 따라서 그들의 변화된 환경과 상관없이 하나님에 대한 기억으로 하나님의 말씀을 지켜 행하며 하나님을 늘 경외하는 삶을 살아야 하는 것입니다.

본문 이해

앞선 6-7장이 십계명의 1-2계명을 중심으로 하여서 교훈하였다면 이제 8-11장은 계명이 아닌 과거의 그들의 경험을 통해서 교훈합니다. 곧 8장은 이스라엘의 광야 40년에 베푸신 은혜를 통해서 장차 풍요로운 가나안 땅에 들어갈 때에 하나님을 잊지 말고 기억해야 할 것을 교훈하며 제9장은 출애굽기 32장의 금송아지 우상 숭배 사건을 중심으로 회고하며 이스라엘이 가나안 땅에 들어가 그 모든 것을 누릴 수 있음은 그들의 힘과 능력이 아닌 그들의 죄에도 불구하고 모세의 중보를 통한 하나님의 용서와 은혜로 말미암은 것임을 알게 함으로 그들의 자만을 경계합니다.

신명기 8장은 두 가지를 기억하게 합니다.[9] 첫째는 과거적인 기억이며 둘째는 미래적인 기억입니다. 이스라엘은 과거적으로 광야를 지나 모압 평지에 이르렀습니다. 또한 이스라엘은 미래적으로 가나안 입성을 앞두고 있습니다. 이제 그들은 온전히 과거를 광야 생활의 의미를 정리하여야 하며, 가나안 입성에 대하여 주의를 받아야 하는 것입니다.

---

9) "구약에서 '기억하다'(자카르)라는 동사는 단순히 과거의 사건을 심리적으로 회상하는 것만을 의미하지 않는다. 이 동사는 주목하고, 이해하며, 묵상하고, 숙고할 뿐만 아니라, 전념하는 일을 함축한다. 따라서 기억한다는 말은 단순한 의식적 회고가 아니라 과거가 강력한 힘으로 현재에 정신적으로, 외적 행동으로 되살아나는 것을 의미한다."(성주진, 『사랑의 마그나카르타』, 104쪽.)

먼저 과거적인 말씀으로 하나님께서는 왜 광야 40년을 주셨는가 하는 것입니다. 광야 생활이 준 유익이 무엇인가 하는 것입니다. '광야의 시련'의 의미에 관하여 배워야 합니다.

다음으로 미래적으로 말씀으로 이스라엘은 가나안에 들어가 어떠한 위기에 놓이게 되는가 하는 것입니다. 이는 '풍요의 시련'이 될 것입니다. 그들은 부요함 가운데 하나님을 잊지 말고 기억하여야 합니다.

■ 신명기 8장의 구조적 이해
  신 8:1-6: 광야 시련의 이유
  신 8:7-10: 가나안에서 누릴 축복
  신 8:11-20: 네 하나님 여호와를 기억하라

1. 첫 번째 잊지 말아야 할 기억은 광야 생활에 대한 기억입니다(1-10절).
  1) 첫 번째로 기억해야 할 것은 무엇입니까?(2절)
  네 하나님 여호와께서 이 40년 동안에 네게 광야의 길을 걷게 하신 것을 기억하라고 하였습니다.

  2) 40년 동안 광야의 길을 걷게 하신 이유는 무엇입니까?(2절)
  이는 그들을 낮추시며 그들을 시험하사 그 마음이 어떠한지 그 명령을 지키는지 지키지 않는지 알려 하심이었습니다. 광야의 시련은 이스라엘로 낮추사 겸손을 배우게 하였으며, 그들로 하나님의 말씀을 지키게 하였습니다.

3) 하나님께서 이스라엘로 낮추시며 주리게 하시며 만나를 먹이신 이유는 무엇입니까?(3절)

하나님께서 이스라엘로 낮추시며 주리게 하시며 또 그들로 알지 못하며 그들의 조상도 알지 못하던 만나를 먹이신 것은 사람이 떡으로만 사는 것이 아니요 여호와의 입에서 나오는 모든 말씀으로 사는 줄을 그들로 알게 하려 하심입니다. 문자적으로 번역할 때에 '여호와의 입에서 나오는 모든 것'입니다. 그러나 이 모든 것이 바로 말씀(레마) 임을 예수님께서 말씀하셨습니다. 곧 예수님께서는 40일 금식 후에 마귀의 시험을 받으실 때에 첫 번째 시험에서 이 말씀으로 승리하셨습니다.

"예수께서 대답하여 이르시되 기록되었으되 사람이 떡으로만 살 것이 아니요 하나님의 입으로부터 나오는 모든 말씀(레마)으로 살 것이라 하였느니라"(마 4:4)

광야의 시련은 겸손과 말씀에 청종과 더 나아가 말씀으로 말미암은 삶을 살게 하는 것입니다.

4) 광야에서의 하나님의 보호하심을 단적으로 어떻게 말씀하십니까?(4절)

하나님께서 이스라엘을 광야 40년 동안에 보호하셨음을 그들의 의복이 해어지지 아니하였고 그들의 발이 부르트지 아니하였음을 통해 알게 하셨습니다.

5) 하나님께서 이스라엘을 징계하시는 이유는 무엇입니까?(5-6절)

사람이 그 아들을 징계함 같이 하나님께서는 이스라엘을 징계하시는 것입니다. 그러므로 믿음의 사람들은 하나님의 징계하심이 아버지가 아들에게 함과 같음을 마음에 생각하고 하나님의 명령을 지켜 그 도를 행하며 그를 경외하여야 할 것입니다.

"내 아들아 여호와의 징계를 경히 여기지 말라 그 꾸지람을 싫어하지 말라 대저 여호와께서 그 사랑하시는 자를 징계하시기를 마치 아비가 그 기뻐하는 아들을 징계함 같이 하시느니라"(잠 3:11-12, 히 12:5-6 참고: 히 12:5-13)

6) 하나님께서 이스라엘을 인도하실 땅은 어떠한 땅입니까?(7-10절)

하나님께서 이스라엘을 이끄실 아름다운 땅은 골짜기든지 산지든지 시내와 분천과 샘이 흐르고 밀과 보리의 소산지요 포도와 무화과와 석류와 감람나무와 꿀의 소산지입니다. 먹을 것에 모자람이 없고 아무 부족함이 없는 땅이며 그 땅의 돌은 철이요 산에서는 동을 캘 수 있습니다. 이스라엘이 먹어서 배부르고 이스라엘의 하나님 여호와께서 옥토를 주셨음으로 말미암아 그를 찬송하게 될 것입니다.

비록 하나님께서는 광야의 시련을 허락하셨지만 그들을 마침내 아름다운 땅에 이르게 하실 것입니다. 하나님께서는 광야의 시련을 통해서 아름다운 땅을 차지할 합당한 자로 이스라엘을 만드시고자 하신 것입니다.

결론적으로 광야는 다음과 같은 유익함을 줍니다.

1. 광야는 인생을 겸손케 합니다.
2. 광야는 하나님의 말씀을 지키게 합니다.
3. 광야는 하나님의 말씀으로 살게 합니다.
4. 광야는 하나님의 보호하심을 알게 하십니다.
5. 광야는 하나님의 사랑을 알게 하십니다.

2. 두 번째 잊지 말아야 할 기억은 하나님 자신에 대한 기억입니다(11-20절).

1) 두 번째로 기억해야 할 것은 무엇입니까?(11절)

모세는 '내가 오늘 네게 명하는 여호와의 명령과 법도와 규례를 지키지 아니하고 네 하나님 여호와를 잊어버리지 않도록 삼갈지어다'라고 말하며 하나님 자신을 잊지 않도록 경계하였습니다.

2) 모세의 두 가지 두려움은 무엇입니까?(12-18절)

모세의 첫 번째 두려움은 이스라엘이 가나안 땅에서 그들의 소유가 풍성하게 될 때에 그 마음이 교만하여 하나님 여호와를 잊어버리게 될까 두려워하였습니다. 애굽의 종 되었던 집에서 이끄시고 광야를 지나게 하신 하나님은 이스라엘을 낮추고 시험하사 마침내 그들에게 복을 주시고자 하신 하나님이셨습니다. 모세의 두 번째 두려움은 이스라엘이 마음에 이르기를 내 능과 내 손의 힘으로 내가 이 재물을 얻었다 할까 함이었습니다. 하나님을 기억해야 할 것은 우리가 재물을 얻는 것조차 하나님께서 우리들에게 재물을 얻을 능력을 주셨기 때문인 것입니다.

3) 하나님을 잊어버린 자에 대한 심판은 무엇입니까?(19-20절)
하나님 여호와를 잊어버리고 다른 신들을 좇아 그들을 섬기며 그들에게 절하는 자는 반드시 멸망하되 하나님께서 이스라엘 앞에서 멸망시키신 민족들 같이 멸망시키실 것입니다.

광야의 시련이 있는 바와 같이 풍요의 시련이 있습니다. 이는 풍요케 하신 하나님을 잊어버리고 자신의 능력과 자신의 손의 힘으로 재물을 얻었다고 하는 것입니다. 풍요 속에서 더욱 하나님을 잊어버리는 세대를 살아가는 이 세대에게 주시는 말씀이라 아니할 수 없습니다.

묵상

01 광야 40년과 같은 나의 삶의 고난의 이유는 무엇입니까?

02 광야 40년에 하나님께서 이스라엘과 함께 하셨듯이 나의 고난의 시간들 속에 하나님의 함께 하심을 생각하여 봅시다.

03 모세의 두 가지 두려움을 나의 삶 속에 적용하여 봅시다.

되새김

광야에서 하나님을 경험하는 것보다 풍족할 때에 하나님을 경험하는 것이 더욱 힘든 일입니다. 하나님의 넘치는 축복이 때때로 믿음의 사람들로 하여금 하나님으로부터 멀리하게 한다는 것은 정말 인생의 아이러니한 일이라 아니할 수 없는 것입니다. 믿음의 사람은 광야 생활에서 오직 하나님의 말씀으로 사는 법을 배워야 할 것이며 또한 하나님께서 베푸신 축복 속에서 이 축복이 누구로부터 말미암은 것인지 잊지 않도록 경계하여야 합니다.

PART

09

자만의 경계
9장1~10장11절

Key Point

이번 과는 가나안 입성 후에 자만한 이스라엘을 경계하며 그들의 패역함과 이로 인한 심판에 대한 모세의 중보와 그 회복을 회고합니다. 따라서 이스라엘은 그 어떠한 이유에도 자고할 수 없으며 오히려 하나님의 사랑과 그 크신 긍휼하심에 감사하여야 하는 것입니다.

쉐마 이스라엘, '이스라엘아 들으라'는 말씀으로 이번 단락은 시작합니다. 이는 새로운 단락이며, 다시금 주의를 환기시키는 것입니다.

본문에서 가나안 7족속을 아낙 자손이라고 말씀하심은 이스라엘의 힘으로 가나안 7족속을 내쫓은 것이 결코 아님을 알게 하십니다. 도리어 이스라엘은 금송아지 우상숭배 사건으로 보이는 바 하나님을 향하여 늘 거역하였습니다. 그들은 더 나아가 다베라, 맛사, 기브롯 핫다아와, 가데스 바네아에서 끊임없이 반역하였습니다. 그러나 하나님께서 모세의 중보를 들으시고 이스라엘에서 제사장과 레위인의 직무를 끊지 않으시고 그들에게 약속하신 바를 돌이키시지 않으셨습니다.

지나온 날들은 지금 이 순간이 참으로 은혜임을 알게 합니다. 우리의 죄된 순간에 하나님께서 진노하셨고 심판하셨더라면 누구라도 하나님의 심판을 면할 수 없었을 것입니다. 그러나 모든 죄된 순간에도 불구하고 하나님의 자비로우심으로 말미암아 여기까지 온 것입니다. 이스라엘에게 모세라는 중보자가 있었던 바와 같이 우리에게는 주 예수 그리스도께서 우리를 여기까지 인도하신 것입니다.

"그러므로 함께 하늘의 부르심을 받은 거룩한 형제들아 우리가 믿는 도리의 사도이시며 대제사장이신 예수를 깊이 생각하라 그는 자기를 세우신 이에게 신실하시기를 모세가 하나님의 온 집에서 한 것과 같이 하셨으니 그는 모세보다 더욱 영광을 받을 만한 것이 마치 집 지은 자가 그 집보다 더욱 존귀함 같으니라"(히 3:1-3)

■ 신명기 9장1-10장11절의 구조적 이해

신 9:1-5: 이스라엘로 아낙 자손을 쫓아내신 이유

신 9:6-21: 금송아지 사건의 회상

신 9:22-24: 다베라, 맛사, 기브롯 핫다아와, 가데스 바네아의 반역 회상

신 9:25-29: 모세의 중보

신 10:1-5: 두 번째 돌판 수여 회상

신 10:6-7: 아론의 죽음과 제사장 직임

신 10:8-9: 레위 지파의 직임

신 10:10-11: 모세에게 명하심

1. 하나님께서 이스라엘로 가나안으로 들이시고 그들로 아낙 자손을 쫓아 내게 하신 두 가지 이유는 무엇입니까?(1-5절)

하나님께서 이스라엘로 가나안 땅으로 들이시고 그들로 크고 많은 백성이며, 장대한 아낙 자손을 쫓아내게 하신 것은 이스라엘의 공의도 정직함도 아닌 그들의 악함을 인함이며(4절) 또한 이스라엘의 조상 아브라함과 이삭과 야곱에게 하신 맹세를 이루려 하심입니다(5절).

2. 이스라엘의 내세울 아무런 공의도 없음을 잘 보여주는 대표적인 사건은 무엇입니까?(6-21절, 25-29절, 10장1-5절, 10-11절, 출 32장)

모세는 이스라엘이 목이 곧은 백성임을 드러내며(6절) 출애굽기 32장의 과거 그들이 호렙산에서 범한 금송아지 사건을 회고하고 있습니다. 이스라엘의 거역함은 애굽에서 나오던 날부터 이곳에 이르기까지 이르렀던 것입니다(7절, 24절). 특별히 호렙산에서의 그들의 반역은 하나님의 멸하심의 위기까지 나아갔으나 모세의 중보로 말미암아 이스라엘은 가나안 땅에 입성할 수 있게 된 것입니다.

3. 이스라엘의 하나님을 향한 거역함의 다른 대표적인 사건들을 살펴봅시다(22-24절).

앞서 금송아지 사건을 회고했던 모세는 이스라엘의 반역이 금송아지 사건만이 아닌, 다베라와 맛사와 기브롯 핫다아와에서 하나님을 격노케 했음을 밝혔습니다. 금송아지 사건과 같이 길게 말씀하시지 않았지만 다베라, 맛사, 기브롯 핫다아와라는 지명의 말만으로도 그들의 거역함을 증거하는 것입니다. 다베라 사건은 시내산을 떠난 후 첫 번째 거역의 사건으로 민수기 11장1-3절에 증거하며, 맛사 사건은 시내산에 도착하기 이전인 출애굽기 17장1-7절의 사건이며, 기브롯 핫다아와 사건은 다베라 이후에 만나에 대한 불평과 심판에 대한 사건으로 민수기 11장4-35절에 증거합니다. 더 나아가 이스라엘은 가데스 바네아에서 여호와 하나님의 명령을 거역하고 믿지 아니하고 그 말씀을 듣지 아니하였습니다. 이스라엘의 거역함의 절정은 가데스 바네아 사건으로 민수기 13-14장의 말씀이며 이 가데스 바네아 사건으로 말미암아 이스라엘은 결국 광야 40년을 채운 후에야 가나안 땅을 약속 받게 됩니다. 다베라와 맛사, 기브롯 핫다아와, 가데스 바네아의 반역은 결국 연대기적인 순서가 아닌 점진적으로 그들의 거역함이 더욱 커졌음을 보여줍니다. 곧 이스라엘은 모세가 그들을 알던 날부터 항상 하나님을 거역하였던 것입니다.

4. 금송아지 사건에 있어 모세의 중보의 내용을 살펴봅시다(25-29절).

다베라, 맛사, 기브롯 핫다아와, 가데스 바네아의 반역에 관한 말씀에서 다시 금송아지 사건의 모세의 중보에 관한 말씀으로 돌아옵니다.

모세는 40 주야를 하나님 앞에 엎드리어 첫째, 하나님께서 큰 위엄으로 속량하시고 강한 손으로 애굽에서 인도하여 내신 주의 백성 곧 주의 기업을 멸하지 마시기를 간구하였습니다. 둘째, 모세는 주의 종 아브라함과 이삭과 야곱을 생각하사 이 백성의 완악함과 악과 죄를 보지 마시기를 간구하였습니다. 셋째, 주께서 이스라엘 백성들을 인도하여 내신 그 땅 백성이 말하기를 하나님께서 그들에게 허락하신 땅으로 그들을 인도하여 들일 만한 능력도 없고 또한 하나님께서 이스라엘을 미워하기도 하사 광야에서 죽이려고 인도하여 내셨다할까 두려움으로 이스라엘을 위하여 중보하였습니다.

5. 모세가 만든 두 돌판과 궤를 살펴봅시다(10장1-5절).

여호와께서 모세에게 이르시기를 너는 처음과 같은 두 돌판을 다듬어 가지고 산에 올라 내게로 나아오고 또 나무궤 하나를 만들라 네가 깨뜨린 처음 판에 쓴 말을 내가 그 판에 쓰리니 너는 그것을 그 궤에 넣으라 하시기로 모세가 조각목으로 궤를 만들고 처음 것과 같은 돌판 둘을 다듬어 손에 들고 산에 오르매 여호와께서 그 총회 날에 산 위 불 가운데서 이스라엘에게 이르신 십계명을 처음과 같이 그 판에 쓰시고 그것을 모세에게 주시기로 모세는 여호와께서 명령하신 대로 그 판을 그가 만든 궤에 넣었습니다.

6. 모세가 받은 두 번째 돌판이 주는 교훈은 무엇입니까?(1-5절)

첫 번째 돌판은 깨어진 언약을 상징하며 두 번째 돌판은 이 언약의 백성과 하나님과의 관계가 다시 회복됨을 보여주시는 것입니다. 그러나 이러한 관계의 회복조차 이스라엘의 공의와 정직함으로 말미암은 것이 아닌 하나님의 사랑과 긍휼하심으로 말미암은 것입니다.

7. 두 번째 돌판에 관한 말씀에 이어지는 제사장과 레위인의 직무에 관한 말씀을 살펴봅시다(6-9절).

1) 본문의 특징에 관하여 살펴봅시다.

6-7절은 대제사장 아론의 죽음과 엘르아살의 제사장 직무에 관한 계승의 말씀으로서 출애굽 40년 5월1일의 사건이며(민 20:25-29), 레위인의 직무에 관한 말씀은 이보다 앞선 출애굽 제2년 1월의 사건입니다

(민 3:5-13, 8:5-22). 따라서 이 두 단락의 말씀은 연대기적인 나열이 아닌 내용상 앞 뒤 본문과 연관을 가지고 있음을 깊이 있게 살펴야 합니다. 6-9절은 앞 뒤의 자연스러운 본문에 삽입되어 있으며 앞 뒤 본문이 1인칭인 것에 반하여 3인칭으로 되어 있습니다. 본문이 삽입된 것은 단순한 삽입이 아니라 보다 깊은 의도와 메시지가 있는 것입니다. 곧 깨어진 돌판으로 보이는 깨어진 언약의 관계가 하나님의 사랑과 긍휼하심으로 회복되었으며 이는 곧 제사장직과 레위인의 직무가 계속 유효함을 의미하는 것입니다. 제사장직과 레위인의 직무가 멈춘다는 것은 곧 하나님과의 관계가 단절됨을 나타내는 것입니다.

2) 제사장직에 관하여 살펴봅시다(6-7절).

이스라엘 자손이 브에롯 브네야아간에서 발행하여 모세라에 이르러 아론이 거기서 죽고 거기 장사되었으며 그 아들 엘르아살이 아론을 이어 제사장의 직임을 행하였습니다. 곧 호렙산 금송아지 사건의 아론의 죽음이 이곳에 다시 언급되는 것은 그의 죽음으로 제사장직이 멈춘 것이 아니라 하나님의 사랑과 긍휼하심으로 그의 직임이 그의 아들 엘르아살을 통해 하나님의 사랑이 계속됨을 보여주는 것입니다. 이스라엘은 그곳을 떠나 굿고다에 이르고 굿고다를 떠나 욧바다에 이르렀습니다. 욧바다는 '상쾌함'이라는 뜻으로 그 곳에 시내가 많음으로 인해 붙여진 이름으로 보입니다. 즉 십계명의 두 돌판의 회복은 제사장직의 회복과 계속으로, 또한 이스라엘을 풍부한 시내가 있는 곳으로 이끄심으로 말미암아 영적인 축복은 그들의 육적 축복으로 이어짐을 보여주시는 것입니다.

3) 레위인의 직무에 관하여 살펴봅시다(8-9절).

본문에 나타난 레위인의 3가지 직무는 첫째, 법궤를 메는 일이며 둘째, 여호와 앞에 서서 그를 섬기는 일이며 셋째, 여호와의 이름으로 축복하는 일입니다. 제사장의 직무의 계속과 레위인의 3대 사역에 관한 말씀은 하나님과의 바른 언약의 관계의 회복에서 회복되어야 할 3가지 직무가 무엇인지를 우리들에게 잘 보여주시는 것입니다.

8. 모세의 중보 기도의 결과에 관하여 살펴봅시다(10-11절).

내용적으로 본문의 단락은 9장29절과 자연스럽게 연결되고 있습니다. 곧 모세의 중보기도는 응답을 받아 하나님께서 이스라엘을 참아 멸하시지 않으시고 그들로 하나님께서 이스라엘 조상에게 맹세하신 땅에 들어가게 하셨습니다. 그러므로 이스라엘의 가나안 입성에는 그들이 가진 아무런 의도 없으며 그들의 거만함은 불합리한 것입니다.

묵상

01 이스라엘의 거만의 불합리함의 이유는 무엇입니까?

02 이스라엘의 처음부터 지금까지의 하나님을 격노케 함을 나의 삶과 비교하여 봅시다.

03 하나님과의 회복은 무엇으로 나타납니까?

되새김

깨어진 돌판에 대하여 다시 주어진 두 돌판으로 상징되는 하나님과 이스라엘의 관계의 회복은 제사장과 레위인의 직무의 계속으로 나타납니다. 따라서 교회는 이들의 직무가 오늘날 어떻게 회복되어서 계속 이어지고 있는지에 관하여 심사숙고하여야 합니다. 이들의 직무의 회복은 예수 그리스도 안에서 성취됨과 동시에 오늘날 또한 하나님께서 믿음의 사람들을 이끄시는 하나의 방편이 되는 것입니다.

PART

10

복과 저주
10장12~11장32절

Key Point

이번 과는 하나님께서 그의 백성 된 자녀들에게 요구하시는 것이 무엇인지에 관하여 살핍니다. 그것은 단순한 외적인 행위가 아닌 마음의 할례를 통한 것입니다. 말씀에 순종에 대한 축복과 불순종에 대한 저주는 이제 그들의 앞에 놓여 있으며 모세는 이스라엘 자손들에게 축복과 저주를 앞에 두고 결단할 것을 촉구합니다.

본문 이해

10장12절 이하는 9-10장의 결론이며 더 나아가 11장은 4장44-11장32절에 이르는 모세의 두 번째 설교의 전반부의 결론에 해당됩니다.

이스라엘이 아낙 자손을 쫓음은 그들의 공의로움이 아닌 가나안 족속의 악함과 하나님의 약속에 의한 것이며 이스라엘은 모세의 중보가 아니었으면 그들의 죄악으로 광야에서 멸망되었을 것입니다. 이제 하나님께서 이스라엘 가운데 요구하시는 것이 무엇인가 하는 것입니다.

하나님께서는 이스라엘을 구원하시기도 하셨고 심판하시기도 하셨습니다. 하나님께서는 젖과 꿀이 흐르는 땅에 대한 약속을 주셨지만 이제 이스라엘은 하나님의 구원과 심판을 생각하며 그 말씀에 청종함으로 축복을 누리는 자가 되어야 할 것입니다.

"내가 오늘 복과 저주를 너희 앞에 두나니 너희가 만일 내가 오늘 너희에게 명하는 너희의 하나님 여호와의 명령을 들으면 복이 될 것이요 너희가 만일 내가 오늘 너희에게 명령하는 도에서 돌이켜 떠나 너희의 하나님 여호와의 명령을 듣지 아니하고 본래 알지 못하던 다른 신들을 따르면 저주를 받으리라"(신 11:26-28)

■ 신명기 10장12-11장32절의 구조적 이해

신 10:12-22: 이스라엘을 향한 하나님의 요구

신 11:1-7: 출애굽의 구원과 고라당 사건의 심판 회상

신 11:8-12: 하나님께서 약속하신 땅

신 11:13-25: 순종의 축복

신 11:26-32: 축복과 저주의 선포

1. 하나님께서 요구하시는 것은 무엇입니까?(10장12-13절)

모세가 이스라엘에게 가르치는 바 하나님께서 요구하시는 것은 첫째, 네 하나님 여호와를 경외하여 둘째, 그의 모든 도를 행하고 셋째, 그를 사랑하며 넷째, 마음을 다하고 뜻을 다하여 네 하나님 여호와를 섬기고, 다섯째, 내가 오늘날 네 행복을 위하여 네게 명하는 여호와의 명령과 규례를 지키는 것입니다.

2. 하나님께서 이스라엘을 택하심에 대한 놀라움은 무엇입니까?(14-15절)

하늘과 모든 하늘의 하늘과 땅과 그 위의 만물은 본래 하나님 여호와께 속한 것이로되 여호와께서 오직 이스라엘의 조상들을 기뻐하시고 그들을 사랑하사 그들의 후손을 만민 중에서 택하셨습니다. 천지와 만물을 주관하시는 하나님께서 만민 중에 보잘것없는 이스라엘을 택하심은 참으로 놀라운 일입니다.

3. 언약의 백성의 표였던 할례에 대한 새로운 정의를 살펴봅시다(16절).

언약의 백성으로서 이스라엘의 표는 할례였습니다. 그러나 이 할례는 육체의 할례가 아닌 참되게 하나님께서 원하시는 것은 마음의 할례인 것입니다. 육체의 할례가 그들의 자랑이 되지 못함은 진정한 할례는 마음의 할례이며 마음의 할례를 행한 자는 내적으로 변화를 받아 하나님의 말씀에 거역하거나 또는 자만하지 않고 겸손하게 하나님을 경외하며 그를 섬기는 것입니다(렘 4:4, 9:26).

4. 이스라엘이 경외하여야 할 하나님은 어떠한 분이십니까?(17-22절)

하나님은 신 가운데 신이시며 주 가운데 주시오 크고 능하시며 두려우신 하나님이십니다. 사람을 외모로 보지 아니하시며 뇌물을 받지 아니하시고 고아와 과부를 위하여 정의를 행하시며 나그네를 사랑하여 그에게 떡과 옷을 주십니다. 하나님의 백성들은 이러한 하나님의 속성을 알고 깨달아 전에 애굽 땅에서 나그네 되었음을 기억하여 나그네를 사랑하며 하나님을 경외하며 섬기며 그에게 의지하고 그의 이름으로 맹세하여야 합니다.

5. 11장을 네 단락으로 나누어 상고하여 봅시다(11장1-32절).

1) 출애굽 구원의 회상과 이스라엘의 불순종에 대한 심판을 살펴봅시다(1-7절).

먼저 모세는 하나님께서 베푸신 출애굽의 구원에 대한 말씀을 언급하신 후에 이스라엘이 광야에서 행한 불순종과 그 반역에 관하여 회고하였습니다. 출애굽 사건과 르우벤 자손 엘리압의 아들 다단과 아비람의 반역 사건으로 대표되는 불순종의 사건은 대조적입니다. 즉 출애굽 사건은 이스라엘에게 구원과 생명을 주었지만 반역은 심판과 죽음을 주었기 때문입니다. 따라서 이스라엘은 그들 가운데 행하신 구원과 무서운 심판을 회고하며 하나님을 사랑하여 그가 주신 책무와 법도와 규례와 명령을 항상 지켜야 합니다.

2) 이스라엘에게 약속된 땅은 어떠한 땅입니까?(8-12절)

하나님께서 약속하신 땅은 애굽보다 더 복된 땅입니다. 애굽 땅은 사람의 힘으로 말미암아 물을 이끌어 올리는 땅이지만 가나안 약속의 땅은 사람이 아닌 하나님께서 내리시는 비와 돌보심으로 말미암은 땅이기 때문입니다. 이제 이러한 축복의 땅에 대한 약속은 하나님의 명령을 지킴으로 말미암은 것입니다. 우리의 축복은 이 땅으로 말미암은 것이 아니라 하나님 자신으로부터 말미암은 것입니다. 하나님께서는 이 땅의 척박한 땅을 축복된 땅으로 만드시며 이 땅의 비옥한 땅을 저주된 땅으로 만드시는 것입니다.

3) 하나님의 말씀에 순종하는 자에게 주시는 축복들에 관하여 살펴봅시다(13-25절).

모세를 통해 가르치는 바 하나님의 말씀에 청종하고 하나님을 사랑하고 마음을 다하고 뜻(생명)을 다하여 섬기면 하나님께서 이스라엘을 위하여 1. 땅에 이른 비, 늦은 비를 적당한 때에 내려 곡식과 포도주와 기름을 얻게 하시고(14절) 2. 가축을 위하여 들에 풀이 나게 하시므로 먹고 배부르게 하실 것입니다(15절). 3. 또한 하나님께서 이스라엘 가운데 주리라 약속한 땅에서 그들의 날과 자녀의 날이 많아서 하늘이 땅을 덮는 날과 같을 것이며(21절) 4. 그 모든 강대한 나라 백성을 쫓아내시고(23절) 5. 그들의 발바닥으로 밟는 곳은 다 그들의 소유가 되게 하실 것이며(24절) 6. 그들이 밟는 모든 땅 사람들에게 그들을 두려워하고 무서워하게 하시므로 그들을 당할 사람이 없을 것입니다(25절).

4) 축복과 저주에 대한 결단의 촉구를 살펴봅시다(26-32절).

모세는 이스라엘 자손들에게 믿음의 결단을 촉구하며 다음과 같이 이야기하였습니다.

"내가 오늘 복과 저주를 너희 앞에 두나니 너희가 만일 내가 오늘 너희에게 명하는 너희의 하나님 여호와의 명령을 들으면 복이 될 것이요 너희가 만일 내가 오늘 너희에게 명령하는 도에서 돌이켜 떠나 너희의 하나님 여호와의 명령을 듣지 아니하고 본래 알지 못하던 다른 신들을 따르면 저주를 받으리라"(신 11:26-28)

모세는 이스라엘 백성들에게 명령하기를 그들이 여호와께서 그들로 가서 차지할 땅으로 인도하여 들이실 때에 요단 강 저쪽 곧 해지는 쪽으로 가는 길 뒤 길갈 맞은편 모레 상수리나무 곁의 아라바에 거주하는 가나안 족속의 땅에 있는 두 산 곧 '그리심 산'에서 축복을 선포하고 '에발 산'에서 저주를 선포하라 하였습니다.

묵상

01 마음의 할례는 무엇입니까?

02 순종과 불순종의 결과를 성경적인 예와 우리들의 삶 속에서의 예와 연결하
여 봅시다.

03 하나님의 축복과 이 땅에서의 환경은 어떠한 관련이 있습니까?

되새김

순종과 불순종에 대한 결과는 이미 과거 그들의 열조들을 통해 본 바입니다. 하
나님의 큰 은혜를 망각하고 불순종의 길을 선택하였을 때에 불행을 오늘날 다시
반복해서는 안될 것입니다. 그러므로 모세는 이스라엘 가운데 단순히 축복만을
선포할 것이 아니라 그리심 산과 에발 산을 통해서 축복과 저주를 함께 선포할
것을 명하고 있는 것입니다. 축복은 믿음의 길을 재촉할 것이며 저주는 불신앙
의 길을 경계하는 것입니다.

신명기

제3부

제2설교 2
(12-26장)

PART

11

중앙 성소에 관한 가르침
12장1~31절

Key Point

12장1절로 26장19절은 가나안 입성 후 이스라엘 자손들이 지켜야 할 규례와 법도에 관한 가르침을 전하여 줍니다. 그 첫 번째로 우상의 훼파와 중앙 성소에 관한 가르침을 이번 과에서는 다루고 있습니다. 중앙 성소와 더불어 제물의 식용과 제물용의 구분은 중앙 성소의 가르침의 본질적인 의미가 무엇인지에 관하여 밝히고 있는 것입니다.

모세의 두 번째 설교인 4장44절-26장19절은 두 부분으로 나뉩니다. 4장44절-11장까지의 말씀은 두 번째 설교의 전반부로서 구체적인 율법의 세부 말씀 이전에, 말씀의 원리와 목적, 축복, 말씀 준수의 의미, 이유, 말씀에 대한 자세와 결단 등에 관하여 제시하며, 12장-26장의 말씀은 후반부로서 십계명에 기초한 구체적인 말씀의 세부 사항에 관하여 전합니다.

특별히 학계에서 신명기 12-26장은 신명기 법전이라고 불립니다. 요시야가 성전에서 발견한 율법서가 바로 이 부분이라고 보는 것입니다. 신명기 법전은 예배(12:1-16:17), 행정(16:18-20:20), 가족 관계(21:1-23:1), 사회생활(23:2-25:19), 마지막으로 두 가지 의식(26:1-15)을 전합니다.[10] 그러나 이러한 구분이 아닌, 앞으로 살펴볼 바는 보다 십계명과 연계하여 십계명의 정신과 구체적인 법들이 어떠한 상관관계를 맺고 있는가를 살펴보고자 합니다.

구체적인 율법의 내용에 있어서 첫 번째는 중앙 성소에 관한 규례입

---

10) 장일선, 『대한기독교서회 창립 100주년 기념 성서주석: 신명기』, 240-241쪽.

니다. 이는 십계명의 제1계명과 연관됩니다. 중앙 성소에 대한 가르침은 성소 중심이며, 하나님 중심이며, 말씀 중심이며, 신약적으로는 교회 중심적인 가르침이 됩니다. 평생에 지킬 규례와 법도에 있어 첫 번째 가르침이 중앙 성소 규례라는 것은 의미가 있습니다. 곧 신명기 법전에서 가장 먼저 이 예배에 관하여 가르치고 있음을 주목해 보아야 합니다. 로마서에서도 교리(1-11장)와 실천(12-16장)에서 실천에 속한 12-16장의 첫 번째 말씀은 예배에 관한 말씀입니다. 예배는 믿음의 삶의 시작이며 기준이며 목적이 됩니다.

■ 신명기 12장의 구조적 이해
　　신 12:1-3: 산당과 우상 훼파
　　신 12:4-14: 중앙 성소에 관한 가르침
　　신 12:15-28: 식용과 제물용 짐승의 도축 장소에 관한 규례
　　신 12:29-32: 우상 숭배 금지

1. 12장1-26장19절은 어떠한 내용들입니까?(1절)
　　12장1-26장19절은 이스라엘이 가나안 땅에 들어간 후에 지켜야 할 규례와 법도들에 관한 말씀들입니다.

　　"네 조상의 하나님 여호와께서 네게 주셔서 차지하게 하신 땅에서 너희가 평생에 지켜 행할 규례와 법도는 이러하니라"(신 12:1)

2. 가나안 입성 후에 가장 먼저 해야 할 일은 무엇입니까?(2-3절)

이스라엘 백성들이 가나안 땅에 들어가서 가장 먼저 해야 할 일은 그들의 집을 짓는 일이 아니라 바로 그곳의 산당과 우상들을 훼파하는 일입니다. 하나님을 섬길 때에 하나님과 우상을 겸하여 섬길 수는 없는 것입니다. 제1계명은 '나 외에 다른 신들을 네게 두지 말지니라'(신 5:7)입니다.

이스라엘이 가나안 땅에 들어가 먼저 행하여야 할 일들이 우상을 훼파하는 일이라면 이는 축복된 삶을 위해서 가장 먼저 선행되어야 하는 일입니다. 믿음의 사람이 축복된 삶을 원한다면 자신의 마음으로부터 세워진 우상을 훼파하여야 합니다. 이는 하나님보다 더 사랑하는 것에 대한 결단입니다.

3. 중앙 성소에 관한 가르침을 살펴봅시다(4-14절).

우상의 제거와 함께 중요한 것은 택하신 곳에서 예물을 드리는 일입니다. 이는 하나님께서 정하신 곳에서 하나님을 섬길 수 있음을 가르치시는 것입니다. 가나안 족속들은 자신들이 원하는 장소에서 자신들이 원하는 방식으로 신을 섬겼고 그 결과 다신론과 종교적 혼합주의를 낳고 말았습니다. 그러나 기독교는 인본주의가 아닌 신본주의이며 자연 종교가 아닌 계시 종교로서 하나님께서 정하신 곳에서만 하나님을 섬길 수 있었습니다. 유일한 중앙 성소는 예수 그리스도를 예표하며 오늘날 우리는 오직 예수 그리스도를 통해서만 참된 구원을 얻을 수 있음을 배울 수 있습니다. 더 나아가 축복된 삶을 위해서는 신앙의 중심이 회복되어야 합니다.

"오직 너희의 하나님 여호와께서 자기의 이름을 두시려고 너희 모든 지파 중에서 택하신 곳인 그 계실 곳으로 찾아 나아가서…"(신 12:5)

"우리가 오늘 여기에서는 각기 소견대로 하였거니와 너희가 거기에서는 그렇게 하지 말지니라"(신 12:8)

4. 식용과 제물용에 관한 규례를 살펴봅시다(15-28절).

식용과 제물용에 관한 규례는 레위기 17장 3-6절에 나타나 있습니다. 레위기의 가르침은 제물용이든 식용이든 짐승은 반드시 중앙 성소에서만 잡을 수 있다고 가르쳤지만 이제 가나안 입성 후를 위한 가르침에서 식용에 관해서는 중앙 성소가 아닌 아무 곳에서든 잡을 수 있도록 허용하고 있습니다(15절). 물론 식용에 관해서는 기업의 처소에서 잡는 것이 허용되었다고 할지라도 희생의 제물은 중앙 성소에서만 잡을 수 있었습니다. 15절의 노루와 사슴은 이스라엘 자손이 먹을 수 있는 정한 짐승이지만 희생의 제물로는 쓰이지 않았습니다. 곧 희생 제물로 쓰이던 양이나 염소 같은 것 또한 식용으로 쓰일 때에는 아무 곳에나 잡을 수 있었습니다. 이는 레위기의 가르침이 이스라엘이 광야의 성막 중심으로 생활할 때에 대한 가르침이었다면 신명기의 말씀은 약속의 땅 가나안 입성 후에 각자의 기업대로 흩어져 살 때를 위한 가르침이기 때문입니다. 식용이든 제물용이든 피에 관해서는 동일하게 피채 먹는 것이 금지되어 있는데 이로써 규례의 형식과 내용은 변하였어도 그 정신은 여전히 변하지 않았음을 보여주고 있습니다.

5. 피에 관한 규례를 살펴봅시다(15-28절).

피는 그 안에 생명과 죽음에 관한 이중적인 의미를 담고 있습니다. 히브리서 9장22절은 피 흘림이 없은즉 사함이 없다고 선언하고 있는데 기독교에 있어 피는 죽음을 생명으로 바꾸는 속죄의 상징적인 수단으로써 사용됩니다. 피의 식용은 창세기로부터(창 9:4) 레위기 뿐만 아니라 신명기와 신약의 예루살렘 총회(행 15:20)에 이르기까지 금지되었는데 이는 첫째, 피는 생명과 동일시됨은 생명을 존중하기 위함이며 둘째, 생명의 주관자는 하나님이시기에 피를 마시는 것은 생명의 주권자 되신 하나님을 향한 모독이기 때문이며 셋째, 피를 마시는 행위는 이방 우상 숭배자들의 사악한 의식인 바 믿음의 사람으로서 금하여야 하며 넷째, 이 피는 우리를 위해 속죄의 피를 흘리신 예수 그리스도의 보혈을 예표하는 것으로 이 피를 마시는 자는 하나님의 대속과 그 크신 은혜를 경시하는 것이기 때문입니다.

6. 우상 숭배에 관하여 금하여야 할 것은 무엇입니까?(29-31절)

우상 숭배에 관한 금지는 우상 숭배 자체뿐만 아니라 우상 숭배자들이 우상 숭배할 때의 그 방법에 관하여서도 금지하고 있습니다. 그 열심이 어떠한 열심이든 잘못된 열심으로 그들의 신을 섬기듯 믿음의 사람들은 하나님을 섬겨서는 안되는 것입니다. 그들은 심지어 하나님께서 꺼리시며 가증히 여기시는 행위로 자녀를 불살라 그 신들에게 받치기도 하였는데 하나님의 사람들이 하나님을 섬기는 방법은 저 이방인들에게서 배울 것이 아니라 바로 하나님의 말씀 속에서 찾아야 합니다.

01 나의 신앙의 시작은 무엇으로 말미암아야 하겠습니까?

02 중앙 성소에 관한 가르침을 오늘날 교회 중심의 생활과 관련지어 생각하여
봅시다.

03 하나님을 섬기는 우리의 방법과 그 열심을 뒤돌아 봅시다.

되새김

우상 숭배의 땅에서 믿음의 사람이 정착하기 위해서 제일 먼저 해야 하는 일들은
그 땅의 우상을 훼파하여 그 이름을 그곳에서 멸하는 일입니다. 그러나 보다 중
요한 것은 중앙 성소의 가르침에서 배울 수 있는 바와 같이 자신의 소견을 따라
신앙생활하는 것이 아니라 하나님의 뜻을 먼저 배우고 알고 깨달아 그 뜻 안에서
신앙생활하는 것을 배우는 일입니다.

PART

12

우상 숭배 금지
12장32~13장18절

Key Point

12장은 제1계명과 관련하여 중앙 성소에 대한 가르침 속에 하나님 중심의 신앙 회복을 가르칩니다. 이제 13장은 십계명의 제2계명의 우상 숭배 금지와 관련하며 우상 숭배에 대한 유혹에 관한 말씀입니다. 우상 숭배에 대한 유혹은 세 가지 차원으로 미혹하는 자들에 의해서, 가족적으로, 사회적으로 나타나고 있습니다.

본문 이해

12장은 중앙 성소에 관한 규례로 하나님 한 분, 유일신 사상을 전하며, 하나님 중심, 성소 중심의 신앙을 가르친다면 13장은 우상 숭배에 관한 강력한 경고의 말씀입니다. 이는 십계명의 제2계명과 관련됩니다. 우상 숭배의 유혹은 크게 선지자나 꿈 꾸는 자, 가족이나 친구, 사회 공동체를 통해서 이루어짐을 알 수 있습니다. 선지자나 꿈 꾸는 자는 기적이나 이적을 통해서, 가족이나 친구는 혈연과 우정을 통해서, 사회 공동체는 집단정신에 의해서 사람들을 우상 숭배의 길로 이끕니다. 말씀은 이와 같이 유혹하는 선지자나 꿈 꾸는 자, 가족이나 친구, 사회 공동체라도 죽이라고 하심으로 이 죄악이 얼마나 큰 것인가를 알게 합니다.

이번 과는 사람의 마음을 흔들리게 하고, 유혹하고, 이끄는 강력한 힘이 무엇인가를 알게 합니다. 믿음은 바로 이러한 것들을 바르게 분별함으로 믿음을 지키고 주를 섬기기에 흔들림이 없어야 할 것입니다.

■ 신명기 12장32-13장18절의 구조적 이해

신 12:32: 명령을 지켜 행하고 가감하지 말라

신 13:1-5: 거짓 선지자에 의한 유혹

신 13:6-11: 가족이나 친구에 의한 유혹

신 13:12-18: 사회 공동체에 의한 유혹

1. 우상 숭배 금지에 관한 엄중성에 관하여 살펴봅시다(12장32절).

12장32절은 12장의 결론이자 13장의 서언적인 역할을 합니다. 더불어 13장18절과 함께 인클루지오 구조를 이루고 있습니다(inclusio: 감싸기 구조, 봉투 구조, 포위 구조).

"내가 너희에게 명령하는 이 모든 말을 너희는 지켜 행하고 그것에 가감하지 말지니라"(신 12:32)

2. 13장의 우상 숭배에 대한 유혹과 12장의 우상 숭배에 대한 유혹의 차이는 무엇입니까?

12장의 우상 숭배에 대한 유혹은 이스라엘 밖의 우상 숭배자들에 의한 유혹이나 13장의 우상 숭배에 대한 유혹은 이스라엘 내에서 일어난 우상 숭배에 대한 유혹으로 더욱 강한 유혹이 되고 있습니다.

3. 거짓 선지자에 의한 유혹에 관한 경고의 말씀을 살펴봅시다(1-5절).

거짓 선지자나 꿈 꾸는 자들의 우상 숭배에 관한 유혹은 이적과 기적을 동반한다는 특징이 있습니다. 곧 이적과 기사는 다른 신들을 섬기도록 현혹하는 도구로도 쓰일 수 있다고 가르치시는 것입니다. 그러나 이는 하나님께서 우리가 마음을 다하고 뜻을 다하여 하나님을 사랑하는 여부를 아시기 위하여 시험하심임을 알고 그 어떠한 기적과 이적에 기초한 신앙이 아니라 오직 말씀에 기초한 신앙을 가져야 할 것입니다.

4. 가족이나 친구들에 의한 유혹에 관한 경고의 말씀을 살펴봅시다(6-11절).

기적과 이적을 동반한 거짓 선지자나 꿈 꾸는 자의 유혹과 달리 가족과 친구들에 의한 유혹은 그들의 가까운 관계와 정에 의한 것입니다. 그러나 이러한 가까운 사이라고 할지라도 말씀은 아주 단오합니다. 5절 말씀은 거짓 선지자나 꿈 꾸는 자를 죽이라는 규례와 동일하게 9절 말씀은 그들을 용서 없이 죽이되 죽일 때에는 네가 먼저 그에게 손을 대고 후에 뭇 백성이 손을 대라 말씀하십니다. 인륜과 천륜을 어긋나는 말씀의 가르침 같이 보이지만 오히려 하나님을 버리고 우상 숭배하는 죄의 크기가 얼마나 큰 것이며 하나님을 섬기는 일과 우상을 숭배하는 일에는 어떠한 타협도 있을 수 없음을 잘 보여주시는 것입니다.

5. 사회 공동체에 의한 유혹에 관한 경고의 말씀을 살펴봅시다(12-18절).

사회 공동체적인 배도에 대한 심판은 진멸로 나타납니다. 마치 여리고성이 가나안 정복 때에 진멸되었듯이 우상 숭배자들은 비록 이스라엘 안에 있는 동족들이라 할지라도 이방인들과 같이 멸족되는 것입니다.

묵상

01   하나님 말씀에 대한 엄중성과 보상에 관하여 말하여 봅시다.

02   나에게 있어 우상 숭배의 개인적, 가족적, 사회적 유혹에 관하여 이야기해
      봅시다.

03   나에게 알지 못하는 신은 어떠한 의미를 가지고 있습니까?

되새김

이스라엘의 우상 숭배에 대한 유혹은 개인적인 차원에서는 이적과 기적에 의하
여 나타나며, 가족과 친구의 차원에서는 정과 관계에 의해 나타나며, 사회적인
차원에서는 군중심리에 의해서 나타납니다. 우리의 신앙은 기적과 이적, 정, 사
회 공동체적인 어떠한 정신과 분위기가 아닌 오직 말씀에 기초한 신앙을 가져
야 할 것입니다.

PART

13

여호와의 성민
14장1~29절

Key Point

하나님의 성민 된 자들의 거룩한 삶에 관하여 이번 과는 조상 숭배, 음식에 관한 정결법,
십일조 규례를 통해서 가르칩니다. 12장의 중앙 성소의 규례는 십계명의 1계명과 관련
되며, 13장의 우상 숭배에 대한 유혹에 관한 말씀은 제2계명과 관련됩니다. 이제 14장의
거룩한 성민에 관한 말씀은 제3계명의 정신을 반영합니다.

본문 이해

십계명의 제3계명에 너는 너의 하나님 여호와의 이름을 망령되이 일컫지 말라고 하셨습니다. 14장은 제3계명의 정신을 반영합니다.

"너는 네 하나님 여호와의 성민이라 여호와께서 지상 만민 중에서 너를 택하여 자기 기업의 백성으로 삼으셨느니라"(신 14:2)

14장은 이스라엘이 하나님의 성민 됨을 강조합니다. 하나님의 성민은 거룩한 백성으로서 이방의 문화와 구별되어야 합니다(1-2절). 바른 식생활 곧 삶이 있어야 합니다(3-21절). 더 나아가 하나님의 거룩한 백성들은 거룩한 헌신이 있어야 합니다(22-29절). 말씀은 타 문화에 대한 경계와 구별된 삶, 더 나아가 구별된 헌신을 우리들에게 가르치십니다.

■ 신명기 14장의 구조적 이해

신 14:1-2: 죽은 자를 위한 자해 금지

신 14:3-8: 정한 짐승과 부정한 짐승

신 14:9-10: 정한 물고기와 부정한 물고기

신 14:11-20: 정한 새와 부정한 새

신 14:21: 스스로 죽은 것의 식용금지

신 14:22-27: 제2십일조

신 14:28-29: 제3십일조

1. 죽은 자를 위한 자해 금지의 교훈은 무엇입니까?(1-2절)

가나안 영혼 애도 의식과 조상 숭배에 대한 경계의 말씀입니다. 고대 이방인들은 죽은 자를 위하여 자해하는 풍습을 가지고 있었으나 이는 그릇되고 미신적인 행위로써 믿음의 사람으로서 금하여야 할 일이 됩니다. 이방 풍습의 대한 영향은 자기 몸을 베는 과도한 자해 행위로부터 눈썹 사이 이마 위의 털을 미는 미미한 행위에 이르기까지 상징적으로 보이며 그 정당성을 주장할 수 있을 것입니다. 그러나 말씀은 이스라엘은 하나님의 자녀며 또한 성민으로서의 기초 위에 그들이 따라야할 것은 이방적인 풍습이 아니라 하나님의 말씀의 기초 위에 서야 함을 강조합니다.

"나무 토막을 향하여 너는 나의 아비라 하며, 돌덩이를 향하여 너는 나를 낳았다 하는(렘 2:27) 이교도들은 세상의 아비가 죽었을 때에 더 이상 자신을 보호해 줄 아비가 없기 때문에 자신의 몸을 베는 것이 오히려 당연하다. 그러나 영원토록 살아 역사하시는 하늘 아버지 여호와를 가진 성도들은 비록 육신의 아비가 죽었다할지라도 극단적으로 자기 몸을 벨 필요가 없다. 왜냐하면 그럼에도 불구하고 성도는 결코 아비 없는 자가 아니라 계속 아비 있는 자이기 때문이다"(Matthew Herry)

2. 음식에 관한 규례가 주는 교훈은 무엇입니까?(3-20절)

음식에 관한 규례는 먼저 레위기 11장에 1차적으로 다루어진 말씀입니다. 주요한 원리 및 교훈은 레위기 성경공부 교재에서 다루었습니다. 이제 다시 이러한 음식에 관한 규례가 반복되는 것은 음식에 관한 규례를 통해서 하나님의 거룩한 백성의 삶이 어떠해야 하는지를 가르치시는 것입니다. 1-2절에서 조상 숭배와 연관해서 거룩한 삶을 가르치셨다면 이제 3-20절에서는 그들의 식생활과 연관해서 거룩한 삶에 대한 교훈이 이어지고 있습니다.

3. 레위기와 신명기와의 근본적인 차이는 무엇인지 연구하여 봅시다.

레위기와 신명기에는 중대한 차이가 있습니다.[11] 레위기 교훈은 일차적으로 모세와 아론에게 주어진 것입니다. 그런데 신명기 교훈은 백성에게 주어진 것입니다. 이것은 두 책의 특성입니다. 레위기는 특별히 제사장의 지침서라 할 수 있으나, 신명기에서는 제사장이 전적으로 뒤로 물러서 있고 백성이 부각되어 있습니다. 이것은 신명기의 너무나 두드러진 현상이므로 신명기는 단지 레위기를 반복할 뿐이라는 생각은 전혀 근거 없는 것입니다. 이 진리는 조금도 어김이 없습니다. 성경의 각책은 그 책 자체의 특수한 임무와 계획과 사역을 지니고 있습니다. 경건한 사람이라면 이 진리를 진심으로 알고 소유할 것입니다. 다만 불경건한 자만이 고의적으로 눈이 어두워져서 아무것도 바라보지 못할 것

---

11) C. H. 매킨토시, 『신명기 하』(서울: 생명의 말씀사, 1999), 142-143쪽.

입니다.

4. 제2, 제3의 십일조에 관한 규정과 그 교훈을 살펴봅시다(22-29절).

십일조에 관한 규례는 레위기 27장30-33절과 민수기 18장21-32에서도 언급됩니다. 이번 단락은 일반적으로 토지 소산의 십일조, 가축의 십일조를 통해 제사장과 레위인을 봉양하고 사회구제사업을 하는 제1의 십일조와 구별되는 제2의 십일조와 제3의 십일조를 그 내용으로 합니다. 22-27절은 제2의 십일조로서 십일조를 받친 후에 나머지에 (9/10)서 다시 십일조를 취한 것으로 이를 '축제의 십일조'라 하여 한 해 동안 풍성한 축복을 내려 주신 하나님께 감사 축제를 드리는 비용으로 사용되었으며 가족과 친지는 물론 수하의 남녀 종들과 성중의 레위인들까지 모두 참여하였습니다. 28-29절은 제3의 십일조로서 안식년을 기준으로 제3년과 제6년에는 써지는 제2의 십일조의 또 다른 명칭으로 제2의 십일조가 잔치를 베푸는 비용으로 써짐에 반해 제3의 십일조는 성중의 레위인, 나그네, 가난한 자, 고아, 과부 등을 위한 구제비로 사용되었습니다. 곧 제2십일조가 중앙 성소에 가져오는 것이라면, 제3십일조는 각 성읍에 저축하여 공동체가 각 성읍의 레위인, 나그네, 가난한 자, 고아와 과부 등을 구제하는 데에 쓰였습니다(참고로 안식년, 제7년에는 토지를 경작하지 않았기 때문에 십일조를 받치지 않았습니다).

01 조상 숭배 사상과 연관되어진 기독교 의식들과 이에 대한 바른 이해에 관하여 연구하여 봅시다.

02 세상과 구별된 하나님의 성민으로서의 거룩한 삶에 관하여 이야기를 나누어봅시다.

03 십일조를 비롯하여 바른 재정의 사용에 관하여 뒤돌아봅시다.

되새김

조상 숭배 사상은 신앙의 혼합주의를 경계하며 음식의 정결법은 믿음의 구별된 삶을 가르치시며 십일조에 관한 규례는 대표적인 하나님의 법도를 보여주십니다. 그 가치는 소극적인 의미에서 적극적인 가르침으로 확대됨을 볼 수 있습니다. 이제 말씀으로 우리들의 믿음의 삶을 비추어 보아야 하겠습니다.

14

면제년의 규례와 정신
15장1~23절

Key Point

십계명의 제4계명의 안식일 준수는 단지 한 날을 교훈하지 않습니다. 이는 안식일의 정신에 관하여 가르치시는 것입니다. 15장의 안식년과 16장의 절기에 관한 교훈은 바로 십계명의 제4계명과 연관됩니다. 구체적으로 15장의 면제년의 빚 독촉에 대한 금지 규례와 히브리 종 해방에 관한 규례, 초태생 규례는 모두 이웃에 대한 사랑과 긍휼의 정신에 입각하며 이는 보다 근본적으로 하나님의 속량하심과 그의 소유됨에 근거한 것입니다.

댐에 물이 채워지면 어느 순간 넘치게 됩니다. 이처럼 하나님의 은혜는 일정한 때가 되면 넘치게 되는데 그것이 바로 안식년이며, 희년입니다. 희년은 안식년의 안식년으로서 먼저 안식년에서부터 이 넘침을 보게 됩니다.

한 해에 돌아오는 절기도 중요합니다. 그러나 한 해에 돌아오는 절기가 아닌 7년마다 돌아오는 절기는 더욱 중요하게 여겨질 수밖에 없습니다. 하나님께서는 세상 가운데에도 7일을 주기로 이루게 하셨으며 더 나아가 7년째가 되는 안식년을 주기로 하여서 하나님의 주권과 하나님의 은혜와 사랑을 선포하게 하셨습니다. 안식년에 이루어지는 은혜의 선포는 하나님께서 베푸신 은혜에 대한 고백과 기억함으로 말미암는 일입니다.

매 정기적인 7년인 안식년에는 채무 독촉을 금지하심으로 은혜를 베풀게 하셨으며, 비정기적으로 7년째에 히브리 종의 해방은 이 안식년의 정신이 은혜와 사랑에 대한 고백 가운데 있음을 알게 하십니다. 빚의 독촉 금지, 가난한 자들을 위한 배려, 종의 해방, 초태생 규례는 모두 하나님의 사랑과 은혜에 대한 기억으로 말미암습니다.

신명기 15장의 안식년과 16장의 절기에 관한 교훈은 십계명의 제4 계명과 연관됩니다. 십계명의 제4계명은 안식일을 기억하여 거룩히 지키라입니다. 안식일을 지킴은 단순히 그날에 쉼을 목적으로 하지 않으며, 하나님의 창조와 구속의 은혜를 기억하며 적극적으로 그 은혜와 사랑을 선포함에 있는 것입니다.

■ 신명기 15장의 구조적 이해

신 15:1-6: 안식년 채무 면제 규례
신 15:7-11: 가난한 자 구제 규례
신 15:12-18: 히브리 종 해방에 관한 규례
신 15:19-23: 초태생 규례

1. 안식년의 채무에 대한 독촉 금지 규례에 관하여 살펴봅시다(1-11절).

안식년의 채무에 대한 빚 독촉의 금지로 말미암아 안식년을 면제년 이라고도 말합니다. 그러나 면제년의 면제는 원금을 탕감하는 의미가 아닌 빚 독촉의 금지를 의미합니다. 대상은 안식년에도 하나님의 규례와 상관없이 일하는 이방 사람들이 아닌 안식년에 하나님의 말씀의 가르침대로 쉬는 같은 동족 이스라엘에게만 해당하며 이러한 규례의 준수는 하나님께서 기업으로 주신 땅에서 복이 약속됩니다. 면제년의 가르침은 단순히 빚의 독촉을 금지 내지 면제하는 것으로 한하지 않고 적극적으로 손을 펴서 형제의 쓸 것을 꾸어주라고 말씀하시고 있습니다. 면제년을 악용하여 형제를 돌보는 것을 거리끼는 것은 결국 하나님께 향한 죄를 얻는 것입니다. 말씀은 땅에는 언제든지 가난한 자가 그치지 아니하겠고 너는 반드시 네 땅 안에 네 형제 중 곤란한 자와 궁핍한 자에게 네 손을 펼지니라고 명하고 있습니다.

2. 히브리 종 해방에 관한 규례를 살펴봅시다(12-18절).

히브리 종 해방에 관한 규례는 면제년과 같은 정기적인 안식년이 아닌 제7년을 의미합니다. 그러므로 면제년에 관한 규례와 제7년에 관한 규례를 어떠한 정기적인 절기적인 의식에 관한 규례적 가르침이 아닌 그 정신의 가르침인 것을 염두하여야 합니다. 히브리인은 본래적으로 하나님의 자녀로서 종이 되어서는 안되지만 현실적으로 그들 또한 빚, 가난, 범죄 등의 여러 가지 이유로 종이 되었습니다. 종이 된 후 제7년이 되는 해에 히브리 종들은 해방이 되었는데 이번 단락이 같은 내용을 전하는 출애굽기 21장2-6절 말씀과 다른 것은 이들을 공수로 내어 보내지 말라는 것입니다. 곧 그들이 자유함을 입은 후에 자립할 수 있도록 그 방편을 마련하여 주라는 것이며 이것이 바로 말씀의 바른 정신인 것입니다. 만일 종이 주인을 사랑하고 그 처자를 사랑함으로 주인과 함께 계속하기를 원한다면 송곳으로 그 귀를 뚫어 영원한 주인의 종 되게 하였습니다. 말씀은 낮에만 일하는 품군과 달리 밤과 낮으로 일하고 섬긴 종을 자유하게 하는 데에 어렵게 하지 말라고 가르칩니다. 참되게 복을 주시는 분은 바로 하나님이시기 때문입니다.

3. 히브리 종의 제도에 있어 인권 보장과 그 처우에 관하여 연구하여 봅시다.

① 히브리 종들은 노예로서가 아니라 주인의 집에 체류하는 나그네나 품군으로 대우받도록 되어 있습니다(레 25:39-40).

② 히브리 종들에게는 종교적인 권리가 보장되어 안식일과 각종 절기를 지킬 수 있었습니다(출 16:11,14, 20:10, 23:12).

③ 히브리 종은 자신의 생명을 보호받을 권리가 있었으며(출 21:20), 신체적인 상해를 당하였을 경우에는 그 대가로 즉시 해방될 권리가 있었습니다(출 21:26-27).

④ 히브리 종은 주인으로부터 가혹하며 비인간적인 대우를 받지 않도록 규정되어 있었습니다(레 25:43, 46).

⑤ 히브리 종은 6년간 주인을 섬기고 제7년에는 해방되었으며(출 21:2, 신 15:12), 6년이 안되더라도 희년을 만나면 해방되었습니다(레 25:40)

⑥ 히브리 종은 개인적은 재산을 모을 수 있었으며 그것으로 스스로를 속량할 수도 있었습니다(레 25:49).

⑦ 히브리 종은 면제년에 해방될 때에 주인으로부터 자립할 수 있는 생계를 제공받도록 되어 있었습니다.

⑧ 히브리 종은 주인의 집에 머무는 것이 더 좋다고 여길 경우에는 스스로 해방을 거절하고 계속하여 남아 있을 권리가 있었습니다(출 21:5, 6, 신 15:16-17).

이같은 히브리 종에 관한 제도는 이방 종 제도와 구별됩니. 종이라 할지라도 하나님의 형상대로 지음 받은 고귀한 하나님의 자녀라는 가치관을 반영하고 있는 것입니다. 그러나 이러한 히브리 종 제도는 종 제도 자체를 인정하는 것으로 곡해 내지는 오해되어서는 안 됩니다. 이는 당시의 시대 상황에 따른 일종의 시민법으로 율법이 실생활을 무시하며 무관하게 선포되지 않음과 마찬가지로 종에 관련된 제도 또한 당시의 시대적인 정황 속에서 특수하게 주어진 것임을 잊어서는 안 될 것입니다. 다만 히브리 종 제도가 보여준 그 정신은 시대의 상황을 초월하여 계속 선포되는 것입니다.

4. 초태생 규례가 반복된 이유는 무엇입니까?(19-23절)

초태생 규례에 대한 반복 언급을 면제년에 관한 규례와 히브리 종의 해방에 관한 규례에 이어 전함으로 빚 독촉의 탕감과 종의 해방에 대한 근본적인 이유를 상기시키는 역할을 합니다. 곧 짐승도 출애굽 사건과 관련되어 첫 것을 구별하는데 이스라엘은 모두 이와 같이 하나님의 구별된 사람들이며 하나님께 드려진 사람들인 것입니다.

묵상

01 교회 내에 어려운 성도들에 대해서 믿음의 형제된 자로서 행하여야 할 바는 무엇입니까?

02 히브리 종의 제도로부터 얻을 수 있는 교훈은 무엇입니까?

03 믿음의 사람들의 하나됨과 하나님의 소유됨에 관하여 생각하여 봅시다.

되새김

하나님을 경외함과 믿음의 삶은 믿음의 형제 된 자들과의 관계 속에서 나타납니다. 하나님의 은혜로 함께 구속받은 백성들로서 이웃에 대한 외면은 거룩한 하나님의 백성들의 삶으로서 그릇된 것입니다. 오늘날 예수 그리스도의 십자가의 구속은 단지 혈연적인 이스라엘에 대한 경계가 무너지고 영적 이스라엘로 확대되었습니다. 오늘날 믿음의 사람으로서 이 사회에 대한 책임은 신앙적인 것이며 그 판단은 하나님 앞에 놓여 있는 것입니다.

PART

15

절기에 관한 규례
16장1~17절

Key Point

앞선 15장의 안식년에 관한 말씀의 연속으로 이스라엘의 3대 절기에 대한 말씀은 십계명의 제4계명과 연관됩니다. 안식일의 정신은 하나님을 기억하는 것으로 이스라엘의 절기는 바로 하나님의 구속적인 역사와 그 은혜를 우리들로 하여금 알게 하십니다.

본문 이해

레위기 23장에는 이스라엘의 7대 절기에 관하여 말씀하십니다. 그러나 이러한 7대 절기는 안식일에 대한 말씀으로부터 시작함을 주목해보아야 합니다(레 23:1-3). 절기의 정신은 안식일에 기초하며 시작합니다. 12장의 중앙 성소에 관한 가르침, 13장의 우상 숭배의 경고, 14장의 하나님의 성민이 각각 십계명의 1-3계명과 연관되듯 15장의 안식년의 말씀과 16장의 절기에 관한 말씀은 십계명의 제4계명의 정신에 기초하며 시작합니다.

이스라엘에는 7대 절기가 있음을 이미 밝혔음에도 불구하고(레 23장) 단지 세 번의 절기인, 유월절과 칠칠절, 초막절만을 언급함은 이스라엘의 절기에 있어서 이 세 절기가 모든 절기의 핵심적인 근간을 이루고 있기 때문입니다. 특별히 이 세 번의 절기는 하나님께서 주신 각 성에서 드려서는 안 되며 오직 하나님께서 택하신 곳으로 나아와 드려야 했습니다. 이 세 번의 절기는 반드시 지켜야 하며, 더 나아가 특별히 지켜야 할 절기가 되는 것입니다.

먼저 유월절은 하나님께서 밤에 이스라엘을 애굽에서 인도하여 낸 것을 기념케 합니다. 하나님의 인도하심을, 구원하심을 성도는 잊어서는 안 될 것입니다. 다음으로 칠칠절에 기억해야 할 바는 이스라엘이

'애굽에서 종 되었던 것'입니다(12절). 이는 이전에 종이었음을 기억하는 것이 아니라 이전에는 종이었으나 이제는 종이 아님을 감사하는 것입니다. 곧 칠칠절을 지키는 성도 가운데는 이전의 삶과 다른 오늘의 삶이 있어야 하는 것입니다. 마지막 초막절에 기억해야 할 바는 하나님께서 모든 소출과 이스라엘의 손으로 행한 모든 일에 복 주신 것을 즐거워하는 것입니다(15절). 이는 하나님의 약속입니다. 하나님께서는 이스라엘에게 그들의 모든 소출과 손으로 행한 모든 일에 복을 주실 것을 약속하시고 계신 것입니다. 이처럼 이스라엘은 하나님의 인도하심과 변화케 하심과 복주심에 감사하며 하나님의 택하신 곳에서 주신 복을 따라 그 힘대로 자원하는 예물을 드릴 수 있어야 할 것입니다.

■ 신명기 16장의 구조적 이해

신 16:1-8: 유월절 규례
신 16:9-12: 칠칠절 규례
신 16:13-17: 초막절 규례

1. 이스라엘의 3대 절기에 관하여 연구하여 봅시다.

이스라엘의 3대 절기는 유월절, 칠칠절, 초막절입니다. 각각의 절기에 관한 자세한 내용은 레위기 23장, 민수기 28-29장을 참조 바랍니다. 레위기 23장은 절기법에 관해서, 민수기 28-29장은 절기의 각각의 날에 요구되는 구체적인 제사와 제물의 종류와 수를 제시합니다. 이제 신명기 16장에서는 레위기 23장에서와 같이 제사장의 안내서로서

7개, 혹은 안식일을 포함한 8개의 절기를 나열하지 않고 '백성들의 책'으로서 이스라엘 구원의 이정표를 단순한 방법으로 제시합니다. 곧 하나님이 구원해 주심을 인한 해방을 기억하고 기념하는 구속의 과거형을 나타내는 유월절과 구속하신 백성들에게 베푸시는 풍성한 은혜를 감사하는 구속의 현재성을 나타내는 칠칠절, 풍성하게 베푸신 현재의 은혜뿐만 아니라 미래에도 이같이 계속하여 신실하게 베푸실 하나님의 은혜를 감사하는 구속의 미래형을 뜻하는 초막절을 지키게 하고 있습니다.

이스라엘의 역사를 공부하는 것은 한 민족으로서의 이스라엘을 연구하는 데에 그 의의가 있는 것이 아닙니다. 이는 첫째, 성경은 이스라엘의 민족으로부터 시작하지 않으며 둘째, 이스라엘의 민족의 역사를 공부하는 것은 하나님의 구원사적인 계시가 이스라엘 민족을 통해서 나타났으므로 이스라엘 역사를 통한 하나님의 구속사적인 섭리를 배우게 되는 것입니다.

동일한 원리가 절기에 관한 연구에서 전제되어야 합니다. 곧 성경의 절기를 연구하는 것은 농경문화 속에 있었던 이스라엘의 기념 절기를 공부하는 것이 아닙니다. 이는 첫째, 이스라엘은 본래 농경문화가 아닌 유목 문화 속에 있었으며 둘째, 이스라엘이 출애굽 하여 광야 생활 중에 곧 그들이 아직 농경문화 속에 들어가기 전에 절기에 관한 하나님의 가르침을 듣게 되기 때문입니다. 하나님께서는 이 절기들을 통해서 하나님의 구속사적인 계시를 하시고자 하는 것입니다. 따라서 우리는 단순히 농경문화에 따른 기념 절기로 이스라엘 절기를 치부할 것이 아니라 각 절기에 따른 구속사적인 가르침이 어떻게 펼쳐지고 있는가를 주목해 보아야 할 것입니다. 레위기 23장의 7대 절기를 중심으로 다음과 같이 정리합니다.

1. 유월절

이스라엘의 첫 번째 절기에 대한 가르침은 유월절로부터 시작합니다. 유월절에 관한 자세한 가르침은 출애굽기 12장1-13장16절에서 자세히 살필수 있습니다. 이스라엘 민족은 유월절 절기를 그들이 애굽으로부터 나온 것을 기념하는 절기로 보냅니다. 그러나 구속사적인 계시는 한 민족의 속박으로부터 자유가 아닌 인류가 죄의 속박으로부터 자유됨을 보여주시는 것입니다. 유월절 어린양의 도살은 참된 유월절 어린양인 예수 그리스도의 죽음으로 성취됩니다. 이스라엘 지도자들은 예수님을 죽이되 그들의 축제인 유월절 전에 죽였지만 그들의 의도 속에서 하나님의 의도는 정확히 유월절 어린양의 도살되는 시간에 예수 그리스도로 죽게 하심으로 말미암아 참된 유월절을 성취하신 것입니다.

유월절은 이스라엘의 7대 절기의 시작이 되며 무교절과 관련이 있으나 명확하게 말하자면 유월절은 첫째 달 14일 저녁을 가리킴으로 무교절과 구분됩니다.

"첫째 달 열나흗날 저녁은 여호와의 유월절이요"(레 23장5절)

"오직 네 하나님 여호와께서 자기의 이름을 두시려고 택하신 곳에서 네가 애굽에서 나오던 시각 곧 초저녁 해 질 때에 유월절 제물을 드리고"(신 16장6절)

유월절은 절기의 시작이며 신앙의 시작을 의미합니다. 이는 곧 예수 그리스도의 피로 말미암은 은혜로 말미암은 시작입니다.

2. 무교절

유월절은 무교절로서 연장됩니다. 정확하게 이야기해서 유월절은 니산월 14일 저녁만을 의미하며 그 다음 날로부터 7일간 무교절로 지킵니다. 유월절의 '유'는 하나님의 죽음의 사자가 어린양의 피를 보고 넘어갔다는의 의미의 넘을 '유' 자를 쓰지만 무교병의 무는 누룩이 없다는 의미의 없을 '무' 자를 씁니다. 곧 이 무교절에는 누룩이 들어가지 않는 무교병을 먹었는데 이는 단순하게 출애굽이 경황이 없이 급하게 나옴에 근거한 것이 아니라 예수 그리스도의 몸을 상징하는 무교병을 통해 예수 그리스도 안에는 누룩으로 통해 상징적으로 보여주는 바 죄가 없음을 가르치는 것입니다. 우리를 위하여 속죄의 피를 흘리신 주님은 순결하시고 무흠 하셨으며 그 온전한 몸을 우리들의 죄를 대속하시기 위하여 내어 주신 것입니다.

유월절이 하나님의 어린 양인 예수 그리스도의 피로 말미암은 구속의
은혜를 가르친다면 무교절은 이스라엘이 애굽을 떠남을 기념합니다.
그들은 누룩이 없는 떡을 고난의 떡이라고 부르며, 고난의 떡과 더불
어 쓴나물을 먹음으로 애굽에서의 고난을 기억하는 것입니다. 신앙에
있어서도 유월절과 더불어 무교절이 있어야 합니다. 믿음은 예수 그리
스도의 피로 말미암은 구속의 은혜뿐만 아니라 애굽에서 떠나듯 죄된
세상에서 결별하는 자기 부인이 있어야 합니다. 유월절과 무교절이 깊
이 연관되고 연결되듯 피의 은혜와 물의 씻음은 깊이 있게 연관됩니다.

3. 초실절

이스라엘 7대 절기의 세 번째 절기는 초실절입니다. 세 번째 절기가
되는 초실절은 유월절, 무교절과 더불어 무교절 기간에 있습니다. 무교
절 기간 중에 무교절 안식일이 지난 이튿날은 초실절로 지킵니다. 보리
추수를 할 때에 첫 보리 이삭 한 단을 하나님께 요제로 드리는 것이 바
로 이 초실절입니다. 유월절과 무교절이 출애굽의 역사적인 현장에서
기원한다면 세 번째 절기가 되는 초실절은 이스라엘이 장차 가나안 땅
에 들어간 이후에 지켜질 절기로 교훈합니다. 이는 하나님의 절기가 단
순히 역사적인 산물이 아닌 구속사적인 하나님의 계획 속에서 이루어
진 절기임을 확연하게 보여준다 할 수 있는 것입니다.

무교절의 안식일 이튿날에 곡물의 첫 이삭 한 단을 제사장에게로 가
져와 제사장은 그 단을 여호와 앞에 기쁘게 받으심이 되도록 흔들어 요

제로 드리며 일 년 된 흠 없는 숫양을 여호와께 번제로 드리며 소제로
는 평상시보다(민 28:13) 갑절의 분량이 되는 기름 섞은 고운 가루 10
분의 2 에바를 여호와께 화제로 드려 향기로운 냄새가 되게 하고 전제
로는 포도주 4분의 1 힌을 드립니다.

이처럼 하나님 앞에 첫 것을 드리기 전까지 어떠한 것이든 먹어서는
안 됩니다. 이스라엘은 먼저 하나님께 예물을 드린 다음에 비로소 햇곡
식을 먹은 것입니다.

구속사적으로 유월절과 무교절은 예수 그리스도의 죽음을 보여준다
면 초실절은 예수 그리스도의 부활을 교훈합니다. 이는 성도의 삶이 예
수 그리스도의 피의 구속과 물의 씻음과 더불어 주께 드려야 할 주재
권을 교훈하시는 것입니다. 유월절과 무교절을 경험한 그리스도인들은
부활하신 그리스도께 마땅히 삶의 주재권을 드려야 합니다.

4. 칠칠절, 오순절, 맥추절

오늘날 오순절은 성령 강림절로 그 의미를 바로 해석하여 드려짐에
불구하고 맥추 감사절은 7월 첫째 주로 지킴으로 같은 의미로 있는 오
순절과 맥추절이 양분화되어 지켜지는 것은 유감스러운 일이 아닐 수
없습니다. 이는 절기의 바른 의미가 희석화 되었기 때문입니다. 한국 교
회 현실에서 맥추절과 추수감사절은 각각 전반기에 대한 하나님께 감
사와 후반기에 대한 하나님께 감사로 지켜집니다. 그러나 이는 전혀 성

경적인 지지를 받지 못하는 것입니다.

맥추절은 초실절로부터 계수되어 50일이 되는 단 하루만 지키는 절기입니다. 맥추절 혹은 오순절이라고도 불리는 이 절기는 수확을 할 수 있게 하신 하나님께 대한 감사를 표시하며 성전 파괴 후에는 시내산에서 율법을 받은 것을 기념하는 목적으로 준수되었습니다. 만일 유월절이 해방을 기념한다면 오순절은 추수 감사와 종교의 형성을 기념하기 위한 절기입니다. 신약에 와서 이 절기는 성령께서 강림함으로 오순절은 추수제에서 교회 탄생을 기념하는 성령강림절로 그 의미가 대체되었습니다.

초실절이 첫 보리 이삭 한 단을 하나님께 요제로 드렸다면 맥추절에는 밀로 고운 떡을 만들되 누룩을 넣은 두 덩어리의 떡을 하나님께 요제로 드리고 이를 제사장이 먹게 하였습니다. 보다 구체적으로 살펴보면, 칠칠절에는 새 소제로 여호와께 드립니다. 10분의 2 에바로 만든 떡 두 개를 만들되 고운 가루에 누룩을 넣어서 구운 것으로 요제로 하나님께 드리며 떡과 함께 일 년 된 흠 없는 어린 양 일곱 마리와 어린 수소 한 마리와 숫양 두 마리를 드리되 이것들을 그 소제와 그 전제제물과 함께 여호와께 드려서 번제로 삼습니다. 또 숫염소 하나로 속죄제를 드리며 일 년 된 어린 숫양 두 마리를 화목제물로 드리며 제사장은 그 첫 이삭의 떡과 함께 그 두 마리 어린 양을 여호와 앞에 흔들어서 요제를 삼으며 이는 여호와께 드리는 성물로 제사장에게 돌립니다.

곧 초실절의 첫 보리 이삭 한 단이 예수 그리스도의 부활을 의미한다면 초실절의 두 떡 덩어리는 성령 강림으로 인한 성도를 예표적으로 보여주시는 것입니다. 떡 덩어리 안에 누룩이 있듯이 성도는 그 안에 죄가 여전히 있음에도 불구하고 성령으로 말미암아 죄의 영향력 속에 있지 않음을 보여주시는 것이 바로 이 맥추절의 절기를 통해서 가르치시는 것입니다. 참된 감사는 우리가 땀 흘려서 드리는 것, 가인의 예배 속에 있는 것이 아니라 우리들 가운데 하나님께서 행하신 구속의 은혜, 아벨의 예배로 나아갈 때에 하나님께서 열납 하시는 것입니다. 아벨의 제사가 가인의 제사와 달리 하나님 앞에 열납 된 것은 그의 지극 정성에 있었던 것이 아니라 아벨의 제사 속에 있는 예수 그리스도를 하나님께서 보셨기 때문인 것입니다. 이는 그리스도교의 감사와 참된 예배가 무엇인지를 우리들에게 밝히는 것입니다.

※ 히브리 달력으로 7월에는 여러 절기가 집중됩니다. 7월1일에 나팔절, 7월10일에 속죄일, 7월15-22일에 초막절이 지켜졌습니다. 일곱째 달은 한 해의 농사가 종결되며 새로운 해가 시작되는 달입니다. 건조하고 무더운 여름이 끝나는 일곱째 달에 백성들은 포도와 감람 열매를 추수했으며, 백성들은 비가 오기를 고대하기 시작하였습니다. 이스라엘 달력으로 7월은 그때까지 영적으로 그리고 물질적으로 수고한 것들을 거두는 시기였습니다.

5. 나팔절

일곱 째 달의 첫날은 숫양의 뿔로 만든 "나팔"을 불어 기념한 날입니다. 여기서 나팔은 새로운 해의 시작을 알리는 신호로 사용된 듯합니다(민 29:2-6). 나팔절의 7월1일은 유대 종교력이며 민간력에 의하면 이 날은 1월1일에 해당됩니다.

6. 속죄일

7월10일은 이스라엘 7대 절기 중에 6번째 절기로 속죄일입니다. 보다 정확하게 7월9일 저녁부터 7월10일 저녁까지이며 이 날에는 대제사장이 일년에 단 한 차례 지성소에 들어가서 이스라엘 전체의 죄악을 속죄하는 날로 이는 예수 그리스도께서 단번에 영원한 속죄제를 행하심을 예표하는 것입니다. 이 날에 스스로 괴롭게 하지 아니하는 자는 그 백성 중에서 끊어질지라고 하셨습니다. 이 날에 백성들은 자신들의 일을 멈추고 하루 종일 금식하였습니다.

7. 초막절, 장막절, 수장절

이 절기는 이스라엘의 정월이 되는 7월15일로부터 7일간 계속되었고 제8일을 안식의 날로 절기의 절정을 이루게 됩니다. 이 절기는 이스라엘이 출애굽 한 후 하나님께서 광야 생활 가운데 인도하셨음의 그 은혜를 기억하는 절기이나 이는 그리스도의 재림으로 말미암은 성도의 기쁜 구원의 완성을 보여주시는 절기입니다. 한국 교회에 있어 유월절과 무교절, 초실절의 절기는 부활절로, 맥추절은 오순절과 맥추 감사절로 지켜지며 그 의미를 되새길 수 있는 기회가 있음에도 불구하고 초막절은 이스라엘의 독특한 절기로 치부되고 그 의미를 되새길 작은 기회조차 갖지 못함은 깊은 아쉬움을 갖게 합니다. 물론 교회력에 대림절이 있기는 하나 이는 오신 예수 그리스도의 회상으로 머무는 아쉬움이 있습니다. 초막절과 연관되어, 대림절은 오신 예수 그리스도를 회상하고 다시 오시겠다는 재림의 약속을 기다리며 장차 이루어질 구원의 완성을 위한 축제의 절기로 보내야 하겠습니다.

구약의 이스라엘의 7대 절기는 예수 그리스도와 하나님의 구속의 역사를 예표합니다. 곧 유월절과 무교절에서 예수 그리스도의 십자가의 죽음을 보고, 초실절에서 첫 열매가 되신 예수 그리스도의 부활을 보며, 맥추절에서 성령의 강림을 보고, 나팔절에서 재림의 나팔과 속죄일에서 유대인의 회개와 돌아옴을 보고, 마지막 초막절에서 천년 왕국과 하나님의 나라를 보게 됩니다.

또한 이스라엘의 7대 절기는 신앙의 성숙의 과정을 보여줍니다. 곧 유월절은 예수 그리스도의 구속의 은혜를 보여주며, 무교절은 죄된 삶의 청산을, 초실절은 믿음의 삶의 가치의 기준을, 맥추절은 성령의 강림과 더불어 성령의 열매를, 나팔절은 복음의 증인 된 삶을, 속죄일은 복음의 역사를, 마지막 초막절은 교회생활을 교훈합니다.

하나님의 구원에 대한 기념으로서의 구약의 절기가 있다면 교회의 신앙 고백은 교회력으로 정리할 수 있습니다. 간략한 교회력은 다음과 같습니다.

1. 대강절
교회력은 대강절로부터 시작하게 됩니다. 성탄절 4주 전부터 시작하며 대강절은 주님의 오심을 기다리는 절기입니다.

2. 성탄절
성탄절 이브부터 주현절(1월6일) 이브까지 12일간 육신의 옷을 입고 이 땅에 오신 주님의 탄생을 기념하는 절기입니다.

3. 주현절
예수님의 세례 받으심을 기념하며 예수님의 공적인 출현을 기념하는 절기입니다. 주현절은 1월6일부터 사순절이 시작되는 성회 수요일 전까지 계속되지만 성회 수요일이 되기 전 세 주간 반 동안을 사순절 전 절기로 구분하기도 합니다. 주현절 후 첫째 주일과 마지막 주일은 축제일입니다. 주현절 후 첫째 주일은 우리 주님께서 세례를 받으심을 축하하는 주일이며 주현절 후 마지막 주일은 산상 변화 주일입니다. 주현절은 이처럼 사순절의 서막이 되는 절기가 됩니다.

4. 사순절
사순절은 성회 수요일로부터 시작하여 부활절 전날까지 평일 40일과

6번의 주일 동안 46일 동안 지킵니다. 6번의 주일이 있음에도 불구하고 사순(40일)절이라고 하는 이유는 주일은 작은 부활절로서 비록 사순절 기간에 있지만 그 주일만큼은 사순절 기간에 포함되지 않는 의미 있는 것입니다. 사순절 기간은 그리스도의 수난과 죽음을 묵상하며 그리스도의 십자가에 동참하는 성도의 경건의 훈련됨이 있는 절기입니다.

5. 부활절

춘분이 지나고 첫 만월이 지난 바로 다음 주일을 부활절로 지킵니다. 우리는 이미 유월절로 통해서 그리스도의 죽음과 부활을 함께 보았습니다.

6. 성령 강림절

부활절 후 50일이 되는 날입니다. 이는 절기의 맥추절, 칠칠절, 오순절에 해당하며 성령께서 강림하심과 교회의 탄생을 기념하는 절기입니다.

교회력은 예수 그리스도의 생애, 죽으심, 부활을 회상하는 축제기간과 성령강림 주일 이후의 예수 그리스도의 공적인 사역을 가르치는 비축제기간으로 나누어집니다. 곧 비축제기간은 교회력에서 가장 긴 절기로서 성령강림 절기에 속합니다. 이는 우리의 모든 삶은 성령의 강림 속에서 사는 것을 예표적으로 보여주는 것입니다.

성경의 절기와 교회력이 가르치고자 하는 것은 동일한 관점을 가집니다. 그것은 하나님의 구원의 행위를 기념하는 것입니다. 따라서 우리가 이 절기들을 소중히 여기는 이유는 우리들의 구원이 인간 행위에 있지 않고 하나님께 속한 것이며 우리의 감사와 예배가 이로 말미암아, 이를 근거하여 드리고자 하는 이유인 것입니다.

2. 신명기 절기에 관한 말씀의 특징이 되는 '여호와의 택하신 곳'에 관하여 주목하여 봅시다(2절, 5-6절, 7절, 11절, 15절, 16절).

절기에 관한 말씀에 있어 신명기 본문의 특징은 '장소'의 강조에 있습니다. 절기를 지키는 장소에 대한 언급과 강조는 오직 신명기 본문에만 있습니다. 민수기 본문이 그 제물에 관하여 강조하고 있다면 신명기 본문은 장소에 관한 강조를 하고 있는 것입니다. 출애굽기는 절기를 지킬 장소에 대한 언급이 없음은 그곳은 애굽이었기 때문이며, 레위기와 민수기에 장소에 대한 언급이 없음은 그곳은 광야였기 때문입니다. 그러나 이제 신명기는 이스라엘이 들어갈 땅에서의 지침을 가르치며 그들이 그 땅에서 어디에서 이 절기를 지켜야 하는지 명시하고 있습니다. 곧 이스라엘의 절기는 아무 곳에나 그들이 드리고 싶은 곳에서 절기를 지키는 것이 아니라 하나님께서 정하신 특별한 장소에서만 가능한 일이었습니다.

3. 하나님께 제사를 드리는 원칙은 무엇입니까?(16-17절)

이스라엘은 일 년에 3차 곧 유월절과 칠칠절과 초막절에 하나님께 나아가되 첫째, 여호와의 택하신 곳에서 여호와께 나아가야 했으며 둘째, 빈 손으로 여호와께 보이지 말아야 했으며 셋째, 각 사람이 하나님께 나아가야 했으며 넷째, 하나님 여호와의 주신 복을 따라 드려야 했으며 다섯째, 그 힘대로 드려야 했습니다.

묵 상

01 이스라엘의 절기가 주는 교훈에 관하여 나누어 봅시다.

02 절기에 있어 장소가 주는 교훈을 나누어 봅시다.

03 절기를 지킴에 있어서 원칙들을 우리의 신앙생활과 비교하여 봅시다.

되새김

믿음과 신앙은 나로 말미암은 것이 아니라 하나님으로 말미암은 것입니다. 믿음과 신앙은 이성적인 가르침으로 말미암지 않은 계시로 말미암은 것이며 철저하게 하나님으로부터 말미암은 것입니다. 절기를 지킴에 있어 하나 됨은 이스라엘의 신앙을 공동체적인 신앙으로 하나 되게 함과 더불어 그들의 믿음과 신앙을 철저하게 인간 중심이 아닌 하나님 중심으로 만들어 나가는 것입니다.

PART

16

사회 정치 지도자에 관한 규례
16장18~17장20절

Key Point

15-16장의 안식년과 절기가 4계명과 연관되듯이, 16장-17장은 십계명의 제5계명과
관련됩니다. 하나님께서는 백성의 지도자들을 통해서 이스라엘을 다스리십니다. 백성의
지도자는 자신이 하나님께로 말미암은 대리적인 부르심을 속에서 그에 대한 합당한 책임
이 있음을 알아야 하는 것입니다.

본문 이해

십계명은 하나님에 관한 계명과 사람에 관한 계명으로 나누어져 있습니다. 그리고 이와 같은 하나님에 관한 계명과 사람에 관한 계명의 고리적인 역할을 하는 것이 바로 '부모 공경'에 관한 계명입니다. 그러므로 부모 공경의 제5계명은 단순히 동양적이며, 도덕적, 윤리적인 효에 입각한 계명을 의미하는 것이 아닌 하나님의 대리적인 성격으로의 부모의 역할을 강조하는 것입니다.

십계명에서 부모의 역할을 강조하였다면 이제 동일한 의미를 가지고 부모가 아닌 정치, 종교 지도자들을 살필 수 있습니다. 가정의 중심이 부모라며, 정치 공동체의 중심에 정치적인 지도자가 있고, 종교 공동체의 중심에 종교 지도자가 있습니다. 이들은 하나님의 대리자적인 역할과 정체성을 가지고 그들에게 주어진 일들을 행하여야 하는 것입니다.

17장은 사회 정치 지도자에 관한 말씀이며, 18장은 종교 지도자에 관한 말씀입니다.

■ 신명기 16장18-17장20절의 구조적 이해
　신 16:18-20: 재판에 관한 규례
　신 16:21-22: 우상 제작 금지

신 17:1: 가증한 제물

신 17:2-8: 우상 숭배자에 관한 판결

신 17:9-13: 판결하기 어려운 재판에 관한 규례

신 17:14-20: 왕에 관련된 규례

1. 이스라엘이 얻게 될 각 성은 누구로 말미암은 것입니까?(18절)

말씀은 지도자에 관한 말씀에 앞서 각 성을 하나님께서 주셨음을 밝히며 각 성이 하나님으로 말미암은 것임을 명시하고 계십니다.

2. 백성의 지도자의 재판에 관한 가르침을 살펴봅시다(18-20절).

하나님께서 주시는 각 성에서 지파를 따라 재판장과 지도자를 두었습니다. 절기는 중앙 성소에서 지켜졌지만 '재판장과 지도자'는 '각 성마다' 배치되었습니다. 이로써 백성들은 긴급한 문제가 닥칠 때에 지역 공동체에 의해 적절한 도움을 받을 수 있었습니다. 지도자는 첫째, 공의로 백성을 재판하여야 했으며 둘째, 굽게 판단하지 말아야 했으며 셋째, 사람을 외모로 보지 말아야 했으며 넷째, 뇌물은 지혜자의 눈을 어둡게 함으로 받지 말아야 했습니다. 그리고 이러한 공의를 좇을 때에 하나님께서는 네가 살며 여호와께서 주시는 땅을 차지하리라 약속하십니다.

3. 지도자의 하나님께 향한 가르침에 관하여 살펴봅시다(16장21-17장1절).

백성의 지도자가 백성들을 향하여서 공의로 행하여야 함을 가르침에 이어 하나님을 향한 가르침을 전해주시고 있습니다. 곧 하나님 여호와를 위하여 쌓은 제단 곁에 하나님께서 미워하시는 바 되는 우상을 세워서는 안 되며 또한 하나님께 드리는 우양은 흠이나 악질이 있어서는 안 됩니다. 이는 하나님께 가증한 것입니다. 백성의 지도자는 그들의 백성들에 대한 책임과 더불어 하나님께 대한 책임이 있는 것이며 이는 모두 하나님 앞에서 행하여지는 것입니다.

4. 우상 숭배자에 대한 판결에 관하여 살펴봅시다(2-7절).

지도자에 관한 앞선 가르침의 구체적인 예가 우상 숭배자의 대한 판결에서 나타나고 있습니다. 우상 숭배자는 죽이되 두 사람이나 세 사람의 증거로 죽이되 한 사람의 증거로는 죽일 수 없으며 그 죽임에는 증인이 먼저 그에게 손을 댄 후에 뭇 백성이 손을 대게 하여 이스라엘 중에 악을 제하게 하셨습니다.

5. 판결하기 어려운 재판 규례에 관하여 살펴봅시다(8-13절).

송사에 관하여 판결하기 어려울 때에는 하나님 여호와께서 택하신 곳으로 올라가서 레위 사람 제사장과 당시 재판장에게 물어 판결케 하셨습니다. 사람이 만일 무법하게 행하고 제사장과 재판장을 듣지 아니하거든 그 사람을 죽여 이스라엘 중에서 악을 제하게 하셨습니다.

6. 왕에 관련된 규례를 살펴봅시다(14-20절).

이스라엘이 약속된 땅에 들어가서 우리도 우리 주위의 열국같이 우리

위에 왕을 세우리라는 뜻이 날 때에 왕은 첫째, 반드시 하나님의 택하신 자를 왕으로 세우며 둘째, 형제 중 한 사람으로 할 것이며 셋째, 형제 아닌 타국인을 위해 세우지 말라 하셨습니다. 왕된 자는

① 병마를 많이 두지 말아야 했으며

② 병마를 많이 얻으려고 그 백성을 애굽으로 돌아가게 말아야 했으며 이는 하나님께서 너희가 이후에는 그 길로 다시 돌아가지 말 것이라 하셨기 때문이며

③ 아내를 많이 두어서 그 마음이 미혹되게 하지 말 것이며

④ 은금을 자기를 위하여 많이 쌓지 말 것이며

⑤ 왕 위에 오르거든 율법서의 등사본을 레위 사람 제사장 앞에서 책에 기록하여 평생에 자기 옆에 두고 읽어 하나님 경외하기를 배우며 이 율법의 모든 말과 규례를 지켜 행하게 하셨습니다.

그리하면 그의 마음이 그 형제 위에 교만하지 아니하고 이 명령에서 떠나 좌로나 우로나 치우치지 아니하여 이스라엘 중에서 그와 그의 자손의 왕위에 있는 날이 장구하리라 말씀하셨습니다.

묵상

01 백성의 지도자가 가져야 할 원칙들에 관하여 나누어 봅시다.

02 하나님께서 지도자를 통해서 다스리심에 관하여 생각하여 봅시다.

03 하나님께서 왕에게 경계를 삼는 이유는 무엇입니까?

되새김

백성의 지도자는 그들의 다스림을 통해서 이스라엘로 미혹되어 애굽과 가나안의 우상숭배의 타락에 빠져 하나님의 목적에 악을 행하며 하나님의 언약을 어기게 될 것을 항상 경계하여야 합니다. 지도자는 백성들 위에 단순히 굴림하는 존재가 아닌 하나님의 다스리심에 대한 대리적인 사명을 다하여야 하는 것입니다.

17

종교 지도자에 관한 규례
18장1~22절

Key Point

이번 과는 사회적, 정치적 지도자에 관한 이전 과의 규례에 이어 이스라엘 종교적 지도자에 관한 규례의 말씀입니다. 제사장과 레위인의 분깃에 대한 말씀으로 그들의 생활을 대한 보장에 관한 말씀에 이어 이방인들의 가증한 풍습에 대한 경계, 이스라엘의 선지자 제도는 단순히 하나님께서 이스라엘 가운데 정하신 규례일 뿐만 아니라 하나님의 백성들이 함께 주의하여 이루어야 할 말씀입니다.

본문 이해

사회 정치 지도자에 관한 규례에 이어 종교 지도자의 규례는 단순히 이들이 지켜야 할 규례만을 가르치는 것이 아닌 이들의 섬김의 위치에 관하여 알게 하십니다. 곧 십계명의 제5계명의 부모가 하나님과 사람 사이의 계명의 고리적인 역할을 하며 하나님의 대리적인 역할을 해야 하듯, 사회·정치·종교 지도자들은 이들의 역할의 의미를 바르게 알고 준행할 때에 참된 존경을 받을 수 있는 것입니다. 18장에서 사회, 정치 지도자와 구별되게 종교적인 지도자들은 더욱더 하나님의 구별하신 바를 깨달아 그들의 역할을 감당하여야 할 것입니다.

■ 신명기 18장의 구조적 이해

　신 18:1-5: 제사장과 레위 지파의 분깃

　신 18:6-8: 레위인의 중앙 성소 진출 허용

　신 18:9-14: 이방 선지자 용납 금지

　신 18:15-22: 선지자에 대한 약속

1. 제사장과 레위 지파의 분깃과 기업에 관하여 살펴봅시다(1-5절).

레위 사람 제사장과 레위의 온 지파는 이스라엘 중에서 분깃도 없고 기업도 없었습니다. 하나님께서 그들의 기업이 되심은 하나님께서 그들을 택하여 그와 그의 자손으로 영영히 여호와의 이름으로 서서 섬기게 하심으로 그들에게 여호와의 화제물과 그 기업을 먹게 하셨기 때문입니다. 제사장이 백성에게서 받을 몫은 그 드리는 제물의 소나 양이나 그 앞다리와 두 볼과 위이며 또 처음 거둔 곡식과 포도주와 기름과 처음 깎은 양털입니다.

2. 제사장과 레위인의 이동에 관하여 살펴봅시다(6-8절).

레위인들은 중앙 성소에서 섬기던 일부 레위인들을 제외하고 각 지파에 흩어져 살고 있었습니다. 이들은 이스라엘 전역에 분산되어 있었으며 6개의 도피성을 비롯하여 48개 성읍에 거주하고 있었습니다(민 35:1-8, 수 21:1-45). 이제 이와 같이 지방에 흩어져 있었던 레위인들이 하나님의 택하신 곳, 곧 중앙 성소로 옮기고자 할 때에 중앙 성소에서 봉사하고 있었던 레위인들과 똑같은 대우를 해 주어야 했습니다. 이러한 규정을 통해서 그들의 섬기는 장소적인 차이만 있을 뿐 그들은 어떠한 등급적인 차이가 없는 만큼 동일한 하나님의 일꾼임을 가르치는 것이며 동시에 이를 통해서 중앙 성소로 종교적인 권력이 집중되지 않기 위한 방편이 되기도 하였습니다. 지방에서 섬기던 레위인들이 올라올 때에 팔은 자신의 상속 산업은 그들이 중앙 성소에서 받는 대우와 상관없이 그들의 개인적인 소유가 되었습니다.

3. 우상의 풍습의 대한 경고를 통해서 말씀이 가르치시고자 하는 것은 무엇입니까?(9-14절)

가나안 족속이 가나안 땅에서 쫓겨난 이유에 관하여 말씀하시고 있습니다. 곧 그들이 하나님께서 가증히 여기시는 바, 그 아들이나 딸을 불 가운데로 지나게 하는 자나 점쟁이나 길흉을 말하는 자나 요술하는 자나 무당이나 진언자나 신접자나 박수나 초혼자가 있었기 때문입니다. 하나님께서 제사장과 레위인에 관한 말씀에 이어 가나안의 가증한 풍습으로서 이들에 관하여 언급하시는 것은 종교적인 지도자로서 제사장과 레위인이 하는 일들이 이들과 분명히 달라야 함을 가르치는 것입니다.

4. 선지자 제도의 역사적 배경을 살펴봅시다(15-22절).

이방인의 가증한 풍습에 관한 말씀에 이어 이에 대한 대안으로서의 이스라엘의 선지자 제도에 관하여 말씀하십니다. 선지자에 대한 약속은 이스라엘 백성들이 출애굽하여 호렙산에서 십계명을 받던 이스라엘의 총회의 날에 모세 자신이 하나님과 백성들 사이에 섰을 때에 약속된 것이었습니다. 이 선지자는 모세 이후의 모든 선지자를 가르치지만 궁극적으로 참된 선지자이신 예수 그리스도를 가리킵니다. 선지자는 하나님께서 일으킨 자여야 하며 그들은 하나님께로부터 받은 말만을 가감 없이 전하여야 하며 그들은 자신의 이름이 아닌 하나님의 이름으로 하나님의 말씀을 선포하여야 했습니다.

묵상

01 제사장과 레위인들과 오늘날 교역자에 관하여 비교하여 봅시다.

02 오늘날 교역자가 주의하여야 할 바는 무엇입니까?

03 선지자와 오늘날 교역자를 비교하여 봅시다.

되새김

제사장과 레위인의 기업이 하나님께 있음으로 그들이 이스라엘 중에 기업이 없게 하심은 그들로 하여금 하나님의 말씀을 맡은 자로서 세속의 욕심을 가지지 못하게 하며 오직 주의 일에서 그들의 기업을 얻게 하심입니다. 이들의 생활에 대한 외면은 곧 이스라엘 중에서 말씀의 부재가 이루어지는 것입니다. 또한 제사장과 레위인들이 세상의 가증한 풍습을 좇아 사람들을 현혹할 때에 이는 하나님 앞에 가증한 것으로 그들은 반드시 하나님으로 말미암은 자로 하나님께로 말미암은 것을 하나님의 이름으로 전하여야 하는 것입니다.

PART

18

도피성 규례
19장 1~21절

Key Point

19장은 세 가지 규례에 관하여 전합니다. 곧 도피성 규례와 경계에 대한 규례와 증인에 대한 규례입니다. 이 세 가지 규례는 서로 다른 규례이지만 그 정신에 있어서는 동일합니다. 곧 이 규례를 통해서 생명을 살리는 것입니다. 이는 십계명의 제6계명의 정신입니다.

본문 이해

　지금까지는 우리는 12장의 중앙 성소 규례에서 제1계명을, 13장의 우상 숭배 금지에서 제2계명을, 14장의 여호와의 성민에서 제3계명, 15-16장의 안식년과 절기의 규례에서 제4계명을, 15-16장의 정치, 사회, 종교 지도자의 규례에서 제5계명을 봄으로 십계명의 정신을 살펴보았습니다. 이제 순서적으로 제6계명을 살펴봅니다. 제6계명은 살인 금지로, 이는 살인을 금지할 뿐만 아니라 사람을 죽인 자까지 보호하는 규례입니다. 살인을 금지하는 것은 죽이지 않음에 목적이 있는 것이 아닌 살리는 데에 더 큰 목적이 있습니다. 곧 19장의 도피성 규례뿐만 아니라 모든 소주제들은 모두 이러한 계명의 정신에 입각하여 볼 수 있는 것입니다.

■ 신명기 19장의 구조적 이해
　신 19:1-13: 도피성 규례
　신 19:14: 경계표 규례
　신 19:15-21: 재판에 있어 증인에 관한 규례

1. 도피성에 관하여 연구하여 봅시다(1-13절).

　도피성에 관한 규례에 관하여 반복적으로 전하시는 것은 요단 동편의 3개의 도피성 외에 추가적으로 가나안 땅, 요단 서편에도 3개의 도피성을 마련해야 하기 때문입니다. 도피성은 살인자를 위한 것이 아니라 누구든지 부지중에 살인할 수 있기에 이스라엘 백성 모든 사람들을 위한 것입니다(2절). 도피성이 누구를 위한 것인지 반복적인 말씀은(2절, 7절) 도피성의 참된 목적이 무엇인지를 밝히며 더 나아가 이 도피성이 죄인 된 우리들의 생명을 보호하시는 예수 그리스도를 예표한다는 것까지 밝히시는 것입니다. 도피성은 땅의 전체를 세 구역으로 나누어 길을 닦음으로 이루어졌습니다. 더 나아가 도피성은 그 길이 멀어 보복하는 자로 하여금 살인자를 따라잡아 죽일 것까지 염두하여 하룻길에 다달을 수 있는 가까운 거리에 세워졌습니다.

■ 도피성

하나님께서는 이스라엘에게 율법을 허락하실 때에 한 규례로서 이 도피성 제도를 저들 가운데 주셨습니다. 도피성 제도는 고의적이지 않은, 부지중에 살인한 자의 생명을 보존하기 위한 것입니다. 도피성 제도는 살인자의 자의 생명이 보수자에 의해 죽임을 당할 것임을 전제하는데 이는 창세기 9장6절과 같은 응보의 법칙인 동해 보복법인 출애굽기 21장18-36절로 통해서 알 수 있습니다. 어떠한 사람들은 왜 구원의 그 속죄가 피흘림 없이는 있을 수 없는가에 대해서 의아해합니다. 왜 예수님은 죽으셨어야만 했을까? 그의 능력으로 구원하는 것은 불가능한 것인가에 관해서 질문합니다. 그러나 이는 생명의 법칙, 그리고 하나님의 공의로우심에 대한 몰이해로 말미암은 것입니다.

도피성에 관한 관련성구로는 출애굽기 21장12-14절, 민수기 35장 9-34절, 신명기 4장41-43절, 19장1-13절, 여호수아 20장1-9절에서 나타납니다.

먼저 출애굽기의 본문은 짧지만 도피성에 관한 규례가 호렙산에서 전하여진 시내산 언약의 근거됨을 보여줍니다. 단지 한 구절로(출 21:13) 막연하게 나타나지만 계시의 점진성을 가지고 마침내 여호수아 20장에서는 그 성취의 모습을 보여줍니다.

민수기 본문은 보다 구체적인 이 도피성 제도의 모습을 우리들에게 보여줍니다(민 35:9-34). 이스라엘의 도피성 제도가 다른 이방의 성역 제도와 비슷하면서도 그 독특성은, 이방의 성역 제도는 고의적인 살인 자에게까지 생명의 보존을 보장하나 이스라엘의 도피성은 결코 고의적인 살인자를 보호하지 않는다는 것입니다. 민수기의 본문은 이러한 보호를 받을 수 있는 자와 보호를 받을 수 없는 자에 대한 규례를 정하며 또한 보호를 받는 자가 결국 자유롭게 되는 시점 곧 대제사장의 죽음으로 말미암아 자기의 산업으로 돌아가는 규례까지를 전합니다.

신명기는 도피성 제도를 두 부분으로 나누어 소개합니다. 첫 번째 부분은 4장41-43절로서 이는 요단 동편에 설정해 놓은 3개의 도피성에 관해서 전하며 다시 19장1-13절은 이 도피성 자체에 대한 여러 규례를 우리들에게 전하고 있습니다. 곧 민수기의 본문이 도피성에 피하는 자에 대해서 집중한다면 신명기의 본문은 보다 더 도피성 제도 자체에 관하여 집중하는 것입니다.

하나님께서 이 도피성 제도를 이스라엘 가운데 주심은 단순한 저들의 사회생활을 위한 것이 아닙니다. 성경은 언제나 어떠한 규례를 주실 때에는 그 규례를 통해서 예수 그리스도에 관해서 전해 주신다는 영적인 안목을 가지고 말씀에 접근하여야 합니다.

곧 도피성의 제도는 우리의 죄를 속죄하시는 예수 그리스도를 예표합니다. 도피성 제도는 인간의 연약성을 전제하는데 곧 하나님께서도 우리들 가운데 예수 그리스도를 보내심도 영원히 죽을 수밖에 없는 인간의 연약함에 대한 하나님의 구원의 방법이 되는 것입니다.

먼저 민수기적인 안목으로 죄인은 자신의 죄에 대한 진정한 깨달음과 회개 없이 단순히 도피성을 수단화하려 할 때에 그러한 자에게는 결코 도피성이 안전을 보장해 주지 못한다는 것을 배울 수 있습니다. 비록 도피성의 규례는 우발적인가 고의적인가의 질문을 하지만 그것은 영적으로 우리들의 회개가 진정한 것인가 아니면 형식적인 것인가를 질문하는 것입니다. 이 땅의 불완전한 도피성은 고의적인 살인자를 속죄할 수 없지만 진정한 도피성이 되시는 예수 그리스도는 비록 고의적으로 범죄하였다고 할지라도 그 중심으로 회개하는 심령에 용서를 베풀어주시는 것입니다. 도피성에 보호를 받는 자가 대제사장의 죽음 이후에 자신의 집으로 돌아갈 수 있었던 것은 대제사장의 죽음이 살인자의 죄에 대해서 속죄하였기 때문입니다. 이와 같이 예수 그리스도의 죽음은 우리의 죄를 속죄하시는 것입니다. 대제사장의 죽음 이전에 도피성을 나간 사람이 그 생명의 보호를 받지 못하듯이 이제 예수 그리스도를 떠난 인생은 결국 하나님의 사랑과 긍휼을 멸시함으로 멸망뿐입니다.

신명기의 도피성의 모습은 보다 은혜로운 모습을 우리들에게 보여줍니다. 도피성은 이스라엘 전역에 골고루 퍼져 있었습니다. 누구든 도피성이 멀어 도피성에 이르지 못하여 보수자로부터 죽임을 당하지 않게 하셨습니다. 유대 전승에 따르면 도피성에 이르는 길은 14m로 넓었으며 그곳에 이르는 길에는 여러 푯대까지 세워져 있었다고 합니다.

도피성 제도는 여호수아 20장에서 성취됩니다. 이 제도가 역사적으로 성취되었는가는 불확실하나 성경은 이 제도를 통해서 참된 도피성이 되시는 예수 그리스도로 통한 성취를 우리들에게 보여 주시고자 하시는 것입니다. 우리는 참된 길이요 진리요 생명이신 예수 그리스도께로 나아가야 할 것입니다.

2. 경계표 제도에 관하여 살펴봅시다(14절).

오늘날과 같은 토지 등기 제도가 없었던 당시에는 경계표를 통해서 서로의 땅에 대한 경계를 삼았습니다. 경계표를 옮기는 것은 표면적으로는 경제적으로 이웃의 소유를 도적질 하는 행위이나 이는 결국 이웃을 죽이는 행위입니다. 사람의 소유는 때때로 사람의 생명을 대신하기 때문입니다.

3. 재판에 있어 증인에 대한 규례의 말씀을 살펴봅시다(15-21절).

먼저 증인은 한 사람이 아닌 두 사람 혹은 세 사람의 증인으로 그 범죄를 정할 수가 있었습니다. 이로 어떠한 한 사람의 위증으로 말미암아 무고한 자를 정죄치 않기 위함이었습니다. 만일 위증하는 자가 있어 어떤 사람이 악을 행하였다고 말하면 논쟁하는 쌍방이 같이 하나님 앞에 나아가 당시의 제사장과 재판장 앞에 서고 재판장은 자세히 이를 알아보았으며 만일 위증임이 판결되었을 때에는 그가 그 형제에게 행하려고 꾀한 대로 그에게 행하여 이스라엘 중에서 악을 제하였습니다. 증인에 대한 규례 또한 표면적으로 보면 제9계명에 가깝습니다. 그러나 이와 같이 위증을 막고자 하는 것은 무고한 자를 살리기 위함입니다.

묵상

01 죄인을 향한 하나님의 사랑을 저 도피성을 통해서 나누어 봅시다.

02 서로의 기업을 존중하고 보호하여야 하는 이유는 무엇입니까?

03 위증에 대한 규례가 가르치는 교훈은 무엇입니까?

되새김

도피성으로 볼 수 있는 바 살인하지 말라는 계명은 더욱 적극적으로 생명을 보호하라는 말씀이며 도적질하지 말라, 내 이웃의 소유를 탐내지 말라는 계명 또한 더욱 적극적으로 내 이웃의 소유를 보호하라는 계명이며 거짓 증거하지 말라는 계명 또한 이웃을 보호하라는 계명인 것입니다. 말씀은 근본적인 뜻은 소극적인 의미가 아닌 보다 적극적인 의미며 더 나아가 이 계명의 준수는 단순히 이웃을 향한 것이 아니라 바로 하나님을 향한 것임을 잊지 말아야 할 것입니다.

PART

19

전쟁에 관한 규례
20장1~20절

Key Point

19-20장은 십계명의 제6계명과 연관됩니다. 이웃 사랑에 관한 이전 과의 규례에 이어 전쟁에 관한 규례가 이어집니다. 전쟁은 이스라엘의 정복 전쟁과 그 이후의 모든 전쟁을 포함합니다. 이웃이라는 이스라엘 내적인 관계에서 하나님의 심판의 대상이 되는 이방인의 관계로 확장되고 있는 것입니다.

본문 이해

19-20장은 십계명의 제6계명의 정신 안에 있습니다. 대표적으로 도피성의 규례에서 살피는 바와 같이 살인에 대한 금지는 생명을 보호하고 살리는 데에 목적이 있습니다. 이러한 십계명의 정신은 자칫 전쟁 자체를 또한 금지할 수 있습니다. 그러나 성경은 살인을 금지하면서도 전쟁을 금하지 않습니다. 전쟁은 또한 생명을 살리는 한 방편이 되는 것입니다. 한편으로 이스라엘은 전쟁에 임하기 전에 화평을 선언하였습니다(신 20:10). 이는 전쟁 자체에 목적이 있는 것이 아니기 때문입니다. 그러나 다른 한편으로 화평의 선언이 필요 없을 때가 있었습니다(신 20:16). 전쟁은 하나님의 심판에 속하기 때문입니다.

■ 신명기 20장의 구조적 이해

신 20:1-9: 전쟁에 임하는 자의 자세

신 20:10-14: 일반 전쟁의 규율

신 20:15-18: 가나안 족속과 전쟁의 특별 규율

신 20:19-20: 성읍 점령 시 유의사항

1. 전쟁에 임하는 자의 자세에 관하여 살펴봅시다(1-9절).

1) 적군과 싸울 때에 두려워하지 말아야 할 이유는 무엇입니까?(1절)
전쟁의 승패는 말과 병거와 많은 백성에 있는 것이 아니기 때문입니다. 애굽 땅에서 이스라엘을 인도하여 내신 하나님께서 함께 계시기 때문입니다.

2) 전쟁에 있어 제사장의 역할은 무엇입니까?(2-4절)
제사장은 이르기를

"이스라엘아 들으라 너희가 오늘 너희의 대적과 싸우려고 나아왔으니 마음에 겁내지 말며 두려워하지 말며 떨지 말며 그들로 말미암아 놀라지 말라 너희 하나님 여호와는 너희와 함께 행하시며 너희를 위하여 너희 적군과 싸우시고 구원하실 것이라"(3-4절)

고 선포하였습니다. 곧 제사장의 역할은 백성들을 위로하고 격려하며 그들로 하나님께서 함께 하심을 알게 하는 것이었습니다.

3) 책임자들에 의해 선포되는 전쟁에 합당하지 않은 사람들은 어떠한 사람들입니까?(5-9절)
새 집을 건축하고 낙성식을 행치 못한 자, 포도원을 만들고 그 과실을 먹지 못한 자, 여자와 약혼하고 그와 결혼하지 못한 자는 하나님의 전쟁에 합당치 않았습니다. 곧 마음으로 뒤를 돌아보는 자는 하나님의 전쟁에 합당치 않은 것입니다. 또한 두려워서 마음이 허약한 자는 형제들의 마음까지 낙심되게 함으로 그러한 자들도 전쟁에 합당치 않았습니다. 이와 같이 전쟁에는 제사장의 역할이 있었고 책임자의 역할이 있었습니다.

2. 전쟁의 규율에 관하여 살펴봅시다(10-18절).

1) 전쟁 전에 행하여야 하는 것은 무엇입니까?(10-14절)

이스라엘은 전쟁 전에 먼저 화친을 제의하여 화평을 선언하여야 했습니다. 만일 그들이 동의를 하고 성문을 열면 그들은 조공을 받쳐 섬길 것이며, 동의하지 않고 대적하여 싸우려 한다면 남자는 다 죽이고, 여자들과 유아들과 가축들과 성읍 가운데 있는 모든 것은 탈취물로 삼을 수 있었습니다. 이스라엘은 하나님 여호와께서 그들에게 주신 적군에게서 빼앗은 것을 먹을 수 있었습니다.

2) 가나안 족속에 대한 특별 지침은 무엇입니까?(15-18절)

다른 족속에게는 평화를 선언하였음에 반해 가나안 족속에게는 평화의 선언 없이 호흡이 있는 모든 자를 전멸시켜야 했습니다. 이에 해당하는 족속으로는 헷 족속, 아모리 족속, 가나안 족속, 브리스 족속, 히위 족속, 여부스 족속이며 이는 그들이 그 신들에게 행하는 모든 가증한 일로 이스라엘에게 가르쳐 본받게 하여 이스라엘로 하나님께 범죄케 할까 함입니다.

3. 무분별한 파괴를 금지하신 이유는 무엇입니까?(19-20절)

과목을 함부로 베는 것이 금지된 것은 그것은 이스라엘의 먹을 것이 될 것이기 때문이었습니다. 아무리 전쟁 중이라 할지라도 불가피한 파괴가 아닌 파괴는 금기시되었습니다. 이스라엘의 전쟁은 정복 전쟁이 아닌 하나님의 심판에 의한 것으로 인간의 혈기와 분노함에 기초하여 무분별함으로 행해서는 안되는 것입니다.

01 성도가 이 세상에서 치루어야 할 전쟁은 어떠한 전쟁입니까?

02 복음의 군사 된 자는 어떠한 사람이어야 합니까?

03 하나님의 사랑과 공의로우심에 관하여 이야기해 봅시다.

되새김

전쟁에 임하는 자의 자세는 오늘날 복음을 위한 성도의 자세가 어떠해야 하는 지를 가르칩니다. 성도는 전쟁은 혈과 육의 전쟁이 아니므로 눈에 보이는 것을 의지해서는 안되며 오직 하나님만을 구하여야 합니다. 이스라엘의 전쟁이 정복 전쟁이 아니었음과 마찬가지로 오늘날 복음을 위한 성도의 전쟁이 여전히 남겨 졌음을 명심하여야 할 것입니다. 이웃은 사랑의 대상이나 세상은 전쟁의 대상 인 것입니다.

PART

20

구속의 은혜에 의한 성결
21장1~23절

Key Point

신명기 21-23장은 십계명 제7계명의 정신 안에 있습니다. 7계명은 간음하지 말라입니다. 7계명의 정신이 어떻게 반영되는지를 염두해 보아야 합니다. 21장의 미해결 살인 사건에 대한 규례, 포로를 아내 삼는 규례, 두 아내의 아들의 장자권에 관한 규례, 불효자에 관한 규례, 시체 처리에 관한 규례 등은 순결의 근거로 예수 그리스도 안에서 이루어진 속죄와 그로 말미암는 은혜를 밝히시는 것입니다.

　　죄로 말미암아 어그러진 이 땅의 여러 가지 사회와 문화 속에서 하나님의 은혜의 가르침이 어떻게 나타나고 있는가를 살핌이 중요합니다. 각각의 규례는 서로 아무런 상관이 없는 단순한 나열이 아닌 예수 그리스도가 중심이 되는 귀한 가르침을 우리들에게 전해 주시는 것입니다.

　　21-23장은 십계명 중 제7계명의 정신을 반영합니다. 미해결 살인 사건에 대한 규례는 예수 그리스도의 속죄를, 포로를 아내 삼는 규례는 그리스도와 연합과 그의 신부 됨을, 두 아내의 장자권에 대한 규례를 성도의 상속권을, 불효자에 관한 규례는 여호와를 경외함을, 시체 처리에 관한 규례에서는 그리스도의 십자가에 이루어진 모든 저주의 소멸을 보여주십니다. 각각의 규례는 개별적이나 연속적이며 제7계명 안에서 통일성을 가집니다.

■ 신명기 21장의 구조적 이해

　신 21:1-9: 미해결 살인 사건의 속죄에 관한 규례

　신 21:10-14: 포로를 아내로 삼기 위한 규례

　신 21:15-17: 장자의 상속권

　신 21:18-21: 불효자에 관한 규례

　신 21:22-23: 시체 처리에 관한 규례

1. 미해결 살인 사건의 속죄에 관한 규례를 살펴봅시다(1-9절).

1) 미해결 살인 사건의 속죄에 관한 규례의 대속 절차를 살펴봅시다.

① 피살된 곳에서 제일 가까운 성읍의 장로들을 대속 의식을 주관할 책임자로 선정합니다(3절).

② 아직 부리지 아니하고 멍에를 메지 아니한 암송아지를 대속을 위한 희생제물로 선정합니다(3절).

③ 성읍의 장로들이 물이 항상 흐르고 갈지도 않고 씨를 뿌린 일도 없는 골짜기로 그 송아지를 끌고 가서 그 골짜기에서 그 송아지의 목을 꺾습니다(4절).

④ 레위 자손 제사장들도 그리로 와서 모든 소송과 모든 투쟁을 판결합니다. 그들은 이스라엘의 하나님 여호와께서 택하사 자기를 섬기게 하시며 또 여호와의 이름으로 축복하게 하신 자들입니다.

⑤ 장로들이 그 성읍을 대표하여 목을 꺾은 암송아지 위에서 손을 씻으면서 살인 사건과의 무관함을 선언하고 하나님의 사죄를 간구합니다(6-9절).

2) 미해결 살인 사건의 속죄 규례의 교훈은 무엇입니까?

어떠한 사건이든 사람에게는 미해결로 남아 있다 하지만 하나님의 공의는 반드시 이루어짐을 보여주고 있습니다. 특별히 하나님께서는 반드시 죄를 심판하신다는 것을 우리들에게 보여 주며 이 속죄 의식은 이 땅의 죄에 대한 흠 없고 죄 없으신 예수 그리스도의 속죄 사역을 보여 주시고 있는 것입니다.

2. 포로를 아내로 삼기 위한 규례를 살펴봅시다(10-14절).

1) 포로를 아내를 삼기 위한 규례의 절차를 살펴봅시다(12-13절).

① 여자를 자신의 집으로 데려 옵니다.

② 그 머리를 밀고 손톱을 베며 포로의 의복을 벗게 합니다.

③ 여자는 자신의 부모를 위하여 한 달 동안 애곡합니다.

2) 포로를 아내로 삼기 위한 규례의 절차가 주는 교훈은 무엇입니까?

이방인을 아내로 삼기 위한 절차는 그녀로 하여금 포로 되기 이전에 섬겼던 우상이나 이방 관습들을 청산하게 하기 위함이었습니다. 더 나아가 이러한 절차는 죄된 우리 인생이 신랑 되신 예수 그리스도의 신부가 되기 위한 하나의 절차를 보여 주시는 것입니다. 결코 그리스도의 신부는 세상의 더러움을 지니고는 그리스도의 신부가 될 수 없는 것입니다. 또한 그리스도는 마치 이스라엘의 포로된 이방인을 아내로 삼을 수 있었던 것과 같이 죄 된 우리들을 씻으시고 또한 우리를 그와 한 몸 된 자로 삼으시기까지 하시는 복을 주시는 것입니다. 하나님의 공의는 죄를 심판하시는 것으로 종말 되는 것이 아니라 그 속죄를 자신 안에서 이루게 하시고 우리들로 하여금 그와 한 몸 되게 하시는 것입니다.

3) 포로를 아내로 삼은 후에 금지된 것은 무엇입니까?

아내된 자는 결코 돈을 받고 팔지 못하였는데 이는 아내로 취한 자를 종처럼 취급하는 것을 금하는 것입니다. 인생에게 이러한 법과 규례를 주신 하나님의 우리를 향한 깊은 사랑이 어떠하신지 우리는 가히 상상

조차 할 수 없는 것입니다.

3. 장자 상속권에 관한 규례를 살펴봅시다(15-17절).

일부다처제의 문화 속에서, 두 아내를 둔 자가 한 아내를 더 사랑하고 다른 한 아내를 상대적으로 미워한다고 할 때에 그 미워하는 아내의 아들이라 할지라도 그가 장자라면 그 장자권을 인정해 주어야 한다는 것을 가르치는 규례입니다. 이 규례가 가르치는 것은 하나님의 공의로우심과 더불어 하나님께서 주시는 복은 하나님께서 우리들에게 행하신 그 약속에 근거하여 주심을 확고히 하시는 것입니다. 장자가 가진 권리가 주장되어야 하듯, 하나님께서는 우리들에게 허락하신 그 약속에 근거하여 우리들에게 복을 내리시는 것입니다. 미워하는 아내의 아들이라 할지라도 그 장자권을 보호하여야 한다면 하나님께서 사랑하시는 이스라엘에 대한 약속을 어찌 이루시지 않을 수 있겠습니까!

4. 불효자에 관한 규례를 살펴봅시다(18-21절).

불효자에 관한 규례는 앞선 장자에 관한 규례와 상대적입니다. 비록 아들이라 할지라도 그 불효함으로 말미암아 심판을 면할 수 없는 것입니다. 하나님의 약속에 근거한다고 하여도 하나님 앞에 완악하고 패역함은 결코 그 심판을 면할 수 없음을 밝히시는 것입니다. 이는 우리들의 안일한 믿음에 대해서 경종케 하시는 말씀입니다.

5. 시체 처리에 관한 규례를 살펴봅시다(22-23절).

시체 처리에 관한 규례 역시 앞선 규례와 무관하게 해석할 수 없습니다. 사람이 죽을 죄를 범하여 죽여 나무 위에 단다는 것은 죽은 자에게 모욕과 수치를 더하며 사람들에게 죄악에 대한 경종을 하기 위함입니다. 그러나 시체 처리에 관한 규정에서 보는 바 죄가 반드시 심판 받음과 이 죄에 대한 심판이 예수 그리스도의 십자가에서 성취됨을 보는 것입니다. 나무에 달린 자는 하나님께 저주를 받았다고 하였습니다(신 21:23, 갈 3:13). 예수 그리스도께서 나무에서 저주를 받으사 우리들을 율법의 저주에서 속량 하신 것입니다.

"그리스도께서 우리를 위하여 저주를 받은 바 되사 율법의 저주에서 우리를 속량하셨으니 기록된 바 나무에 달린 자마다 저주 아래에 있는 자라 하였음이라"(갈 3:13)

묵상

01 죄의 심판과 종말을 통해서 하나님께서 말씀하시고자 하시는 것은 무엇입니까?

02 그리스도의 신부로서의 우리의 삶을 점검하여 봅시다.

03 믿음의 사람들의 권리와 그 상실에 관하여 나누어 봅시다.

되새김

죄의 심판은 하나님의 공의로움 가운데 반드시 이루어지는 것입니다. 그러나 그 죄의 심판은 예수 그리스도의 속죄 사역 가운데서 이루어지고 그 은혜가 성도들 가운데 이루어지는 것입니다. 그리스도의 신부가 되고 그의 아들로서의 모든 권리는 바로 예수 그리스도의 속죄 사역에 근거한 것입니다. 그러나 그 은혜를 누리지 못하는 자는 결국 자신이 그 죄에 대한 심판을 받아야 하는 것입니다.

PART

21

은혜에 응답으로서의 성결
22장1~30절

Key Point

이전 과의 죄에 대한 하나님의 공의로운 심판에 대하여 보여주신 속죄와 은혜가 이제는 어떠한 우리들의 삶을 요구하는지에 관하여 이번 과에서는 밝히고 있습니다. 그것은 잃어버린 영혼에 대한 회복과 창조의 섭리와 그 질서의 회복과 보존, 그리고 성결됨입니다.

본문 이해

성결에는 하나님께서 우리들 가운데 이루시는 성결이 있고, 반대로 하나님의 성결을 입은 자가 하나님의 은혜에 대한 응답으로서의 성결 됨이 있습니다. 21장의 성결이 전자를 의미한다면 22장은 후자로서의 성결입니다.

각 규례는 개별적인 의미를 가집니다. 그러나 각 규례의 깊은 의미를 알기 위해서는 보다 큰 틀에서 바라보아야 합니다. 곧 형제의 소나 양 이 길 잃은 것을 볼 때에 이를 되찾아 줌은 형제에 대한 의무와 사랑을 넘어 하나님의 은혜를 먼저 입은 자에게 있는 은혜의 응답이 됩니다.

■ 신명기 22장의 구조적 이해

신 22:1-4: 형제의 잃은 소유에 대한 도리

신 22:5: 남녀의 의복 구별

신 22:6-7: 새끼 있는 어미의 보호

신 22:8: 난간 건축 규례

신 22:9-10: 혼합 금지 규례

신 22:12: 옷술 규례

신 22:13-21: 신부의 순결 규례

신 22:22-30: 여러 가지 성 규례

1. 형제의 잃은 소유에 대한 도리는 무엇이며 이를 통해 성경이 교훈하는 것은 무엇입니까?(1-4절)

형제의 소나 양이 길 잃은 것을 보거든 반드시 끌어다가 형제에게 돌려주며, 형제가 멀거나 혹 그를 알지 못하거든 자신의 집으로 끌고 와서 형제가 찾기까지 두었다가 돌려주어 무엇이든지, 나귀든지, 의복이든지 형제의 잃은 것을 되찾게 도와주어야 합니다. 형제의 나귀나 소가 길에 넘어진 것을 볼 때에 반드시 형제를 도와서 그것을 일으켜야 합니다.

이를 통해서 성경이 교훈하는 것은 단순한 이웃에 대한 사랑의 규례를 넘어 죄의 심판 가운데 주의 은혜로 속죄함을 입은 자는 형제의 소유를 넘어 그 영혼의 회복을 위하여 힘쓰는 자가 되는 것입니다. 형제의 잃은 소유를 위하여 못 본 체하지 않고 그 소유의 되찾음을 위하여 힘써야 한다면 우리는 더욱 형제의 영혼의 회복을 위하여 힘써야 하는 것입니다.

2. 남녀의 의복 구별에 관한 규례와 그 교훈을 살펴봅시다(5절).

여자는 남자의 의복을 입지 말며 남자는 여자의 의복을 입지 말아야 합니다. 이는 하나님께 가증한 것입니다.

말씀이 교훈하시는 바는 단순한 의복의 문제가 아닌 남녀를 구별되게 지으신 하나님의 창조의 섭리를 지켜나가야 함을 가르치는 것입니다. 남녀의 구별됨을 지키지 않는 무분별함은 하나님 앞에 우상 숭배와 같이 가증한 것입니다. 죄는 모든 것을 무분별하고 난잡하게 만들지만 은혜는 모든 것을 회복케 하시는 것이며 이 회복은 창조의 섭리로의 회복입니다.

3. 자연의 보존을 통해서 가르치시는 교훈은 무엇입니까?(6-7절)

길을 가다가 새의 보금자리에 새 새끼나 알이 있고 어미새가 그 새끼나 알을 품는 것을 만나거든 그 어미와 새끼를 아울러 취하지 않고 어미는 반드시 놓아주고 새끼는 취하여도 가하였습니다.

남녀의 창조의 구별됨과 마찬가지로 이 세상에 대한 보존 또한 창조의 하나님께 향한 회복을 가르칩니다. 죄는 모든 것을 파괴하지만 은혜는 창조의 아름다움을 지키고 또한 보존하기 위해 힘쓰는 것입니다.

4. 건축에 관한 규례가 주는 교훈은 무엇입니까?(8절)

성경이 사회적인 건축법에 관하여 말씀하시고 있는 것이 아닙니다. 건축에 관한 규례에 있어 새 집을 건축할 때에 지붕에 난간을 만들어 사람을 떨어지지 않게 하라는 것은 사람의 영적인 타락을 할 소지를 만들지 말아야 함을 가르치는 것입니다. 참된 보존은 그 보존을 지키기 위한 외적인 장치까지 포함하는 것입니다.

5. 혼합주의를 경계하시는 말씀을 살펴봅시다(9-12절).

혼합주의를 경계하시는 말씀은 크게 세 가지로 나누어 말씀하십니다.

첫째 두 종자를 섞어 뿌리지 말라는 것이며 둘째 소와 나귀를 겨리하여 갈지 말라는 것이며 셋째, 양털과 베실로 섞어 짠 것을 입지 말라는 것입니다. 하나님의 창조의 보존, 은혜의 회복에 또 다른 장애는 이 혼합주의로 말미암은 것입니다. 씨를 뿌린다는 것은 혼합주의의 전파를, 걷는다는 것은 혼합주의적인 삶을, 입는다는 것은 혼합주의의 가치관을 의미하는 것입니다. 이는 성도가 마땅히 경계하여야 할 바가 되는 것입니다. 더 나아가 말씀은 입은 겉옷 네 귀에 술을 만들지니라고 말씀하시는데 이는 하나님의 명령과 그 규례를 지키겠다는 의식으로 혼합주의를 배격하고 순수한 하나님의 말씀의 가르침을 따라 살아야 함을 가르치시는 것입니다.

6. 처녀의 표에 관한 규례가 주는 교훈은 무엇입니까?(13-21절)

누구든지 아내를 맞이하여 그에게 들어간 후에 그를 미워하여 비방거리로 만들어 그에게 누명을 씌워 내가 이 여자를 맞이하였더니 그와 동침할 때에 그가 처녀임을 보지 못하였노라 하면 그 처녀의 부모가 그 처녀의 처녀인 표를 얻어 가지고 그 성문 장로들에게 가서 이를 밝혀 그 성읍 장로들이 그 사람을 잡아 때리고 이스라엘 처녀에게 누명을 씌움으로 은 100세겔의 벌금으로 여자의 아버지에게 주고 그 여자는 그 남자가 평생에 버릴 수 없는 아내가 되게 하며, 만일 이 일이 참되어 그 처녀에게 처녀의 표적이 없을 때에는 그 처녀를 그의 아버지 집 문에서 끌어내고 그 성읍 장로들이 그를 돌로 쳐죽었습니다. 이는 그가 그의 아버지 집에서 창기의 행동을 하여 이스라엘 중에서 악을 행하였음입니다.

처녀의 표가 주는 규례는 영적인 순결함을 지키는 것에 관한 가르침입니다. 처녀의 표의 상실로 말미암아, 그 성적 부도덕함으로 말미암은 심판이 크다면 영적인 순결의 상실에 대한 심판의 크기가 얼마나 큰지에 관해서 잊지 말아야 할 것입니다.

7. 성적 부도덕에 관한 규례가 주는 교훈은 무엇입니까?(22-30절)

① 어떤 남자가 유부녀와 동침한 경우(22절)

② 처녀인 여자가 남자와 약혼한 후에 어떤 남자가 그를 성읍 중에서 만나 동침한 경우(23-24절)

③ 남자가 어떤 약혼한 처녀를 들에서 만나서 강간한 경우(25-27절)

④ 남자가 약혼하지 아니한 처녀를 만나 그를 붙들고 동침한 경우(28-29절)

⑤ 사람이 그의 아버지의 아내를 취하여 아버지의 하체를 드러내는 경우(30절)

성적 부도덕에 관한 여러 가르침은 윤리적이며 도덕적인 가르침을 넘어 영적인 순결과 성결의 중요성을 가르치는 것입니다. 죄의 심판에 대한 속죄함을 입어 은혜의 삶을 사는 사람들은 영적인 성결함을 지키며 살아야 하는 것입니다.

묵상

01 잃어버린 영혼에 대한 우리의 마음을 점검하여 봅시다.

02 세상과 혼합된 가치관이 무엇이 있는지 이야기해 봅시다.

03 영적 성결함을 위한 자신의 삶을 이야기해 봅시다.

되새김

첫째, 은혜의 삶은 잃어버린 영혼에 대한 사랑의 회복으로 나타납니다. 은혜는 한 개인 자신의 은혜로 멈추는 것이 아닙니다. 그 은혜는 넘쳐 많은 영혼들에게 까지 미치는 것입니다. 둘째, 하나님의 은혜는 창조의 아름다움의 회복입니다. 그것은 처음 창조의 섭리와 그 목적으로 회복하는 것입니다. 창조의 섭리와 아름다움을 세상의 가치관으로 혼합시켜서는 안 될 것입니다. 셋째, 은혜의 삶은 성결됨을 지키는 것입니다. 영적인 성결됨 그것은 하나님께서 가장 아름답게 보시는 것입니다.

PART

22

공동체의 성결
23장1~25절

Key Point

신명기의 여러 가지 교훈을 단순한 여러 규례의 나열로 보는 견해가 지배적이라고 할지라도 문맥과 구조와 상관없는 단순한 나열로 보는 것은 단편적인 교훈들의 진정한 의미로부터 더욱더 멀게 합니다. 특별히 23장의 여호와의 총회는 단순한 예배적인 의식을 넘어 하나님 나라를 향한 구원의 공동체를 의미하며 이러한 안목으로 23장 전체를 보는 것이 23장을 새로운 안목으로 이해할 수 있게 도와줄 것입니다.

본문 이해

21-23장은 성결의 주제를 가지며 이는 제7계명의 정신입니다. 간음하지 말라는 계명은 간음을 금하는 법이 아닌 성결을 위한 법입니다. 21장의 성결은 구속의 은혜에 의한 성결로서 개인적이며, 22장의 은혜에 응답으로서의 성결은 개인에게서 이웃에게로 확장을 이룬다면 23장은 공동체적인 성결을 가르칩니다. 곧 구원의 공동체는 성결한 공동체가 되어야 합니다.

■ 신명기 23장의 구조적 이해
신 23:1-8: 여호와의 총회 참석자에 관한 규례
신 23:9-14: 병영 정결 규례
신 23:15-16: 도망 온 종에 관한 규례
신 23:17-18: 창기와 남창에 관한 규례
신 23:19-20: 이자 금지 규례
신 23:21-23: 서원 이행 규례
신 23:24-25: 가난한 이웃을 위한 규례

1. 여호와의 총회에 들어오지 못할 자들과 그들로 통해서 교훈하는 바는 무엇입니까?(1-6절)
① 고환이 상한 자나 음경이 잘린 자는 여호와의 총회에 들어오지 못

합니다(1절). 고환이 상한 자는 남자의 성기의 불알이 터짐을 말하며 음경이 잘린 자는 남성의 성기가 잘림을 말합니다. 곧 남성으로 남성으로서의 구실을 하지 못함은 하나님의 형상을 따라 지음 받았음에도 불구하고 죄와 타락함으로 말미암아 하나님의 형상을 잃은 자들에 관하여 말씀하시는 것입니다. 이러한 자는 여호와의 총회에 들어가지 못함과 동일하게 하나님 나라에 들어갈 수 없는 것입니다. 이들은 구원의 공동체에서 제외되는 것입니다.

② 사생자는 여호와의 총회에 들어가지 못하였습니다(2절). 사생자란 불법적인 성관계로 태어난 자들을 의미하며 성경이 이를 통해서 교훈하시는 것은 하나님 앞에 불법함으로 말미암은 모든 것을 행하는 자와 그에 대한 결과는 하나님 앞에 합당치 않으며 결코 그러한 일을 행하는 자는 하나님 나라에 합당치 않음을 가르치시는 것입니다.

③ 암몬과 모압 사람은 여호와의 총회에 들어오지 못하였습니다. 암몬과 모압 사람들은 이스라엘이 가나안 땅을 향하여 행군할 때에 그 길을 대적하였습니다. 곧 하나님 나라의 일을 대적하는 사람들은 하나님 나라에 합당치 않은 것입니다.

2. 삼대 후 자손으로 여호와의 총회에 들어올 수 있는 사람들은 누구이며 이로 통한 교훈은 무엇입니까?(7-8절)
① 에돔 사람을 미워하지 말 것은 그는 이스라엘의 형제였기 때문입

니다(7절). 그들이 삼대 후 여호와의 총회에 들어올 수 있었던 것은 오늘 믿음의 사람을 대적하는 사람들이 돌이켜 회개한 후에 다시 믿음의 사람이 될 수 있음을 가르치시는 것입니다. 오늘 대적하는 사람들 또한 믿음의 형제가 될 수 있다는 것을 감안할 때에 우리는 이 세상을 함부로 미워할 수 없는 것입니다.

② 애굽 사람을 미워하지 말아야 할 것은 이스라엘이 그의 땅에서 객이 되었기 때문입니다(7절). 믿음의 사람들은 받은 바 은혜를 저버리는 사람이 되어서는 안 될 것입니다. 애굽은 에돔에 비해 전적으로 세상을 예표합니다. 그러한 세상에 속한 자까지 믿음 안으로 돌아온다는 말씀과 더욱이 세상에 빚진 바 있는 자로서 저 세상을 함부로 미워할 수 없는 것입니다.

3. 진에 야영을 할 때에 금기사항과 이를 통해서 교훈하시는 바는 무엇입니까?(9-14절)

대적을 치러 출진할 때에 진영에서의 금기사항들로서

① 몽설한 자가 해 질 때까지 부정하고 해가 진 후에 몸을 씻고 진영 안으로 들어올 수 있었던 것은 구원의 공동체에서 그 마음의 생각이 부정한 자는 합당치 아니하며

② 배설물을 진영 밖에서 해결하고 그것을 덮기까지 함으로 우리의

구체적인 행위들까지도 거룩하여야 함을 가르치시는 것입니다.

4. 도망한 종에 대한 규례와 그 교훈은 무엇입니까?(15-16절)

잃어버린 우양은 되찾아야 주어야 하나 모진 핍박으로 인해 그 주인을 피하여 도망한 종은 그 주인에게 돌리지 않습니다. 물론 이는 종이 죄악으로 말미암아 핍박을 받고 이에 대한 심판을 면하기 위하여 도피한 것을 전제하지 않습니다. 이러한 규례를 통해서 가르치시는 것은 한낮 종도 보호한다면 구원의 공동체의 주 되신 하나님께서 그 공동체를 보호하심에 관해서 교훈하시는 것입니다.

5. 창기와 남창을 통해서 가르치시는 것은 무엇입니까?(17-18절)

본문의 창기와 남창은 돈을 벌기 위해 직업적으로 몸을 파는 자들이 아닌 우상의 신전에 속하여 우상 숭배의 행위로써 매춘행위를 하는 자들을 의미합니다. 곧 구원의 공동체에는 이처럼 우상숭배자들은 합당치 않은 것입니다. 하나님 앞에 우상숭배자들은 창기와 남창과 같은 것입니다.

6. 동족에 대한 이자 금지를 통한 교훈은 무엇입니까?(19-20절)

구원의 공동체는 사랑과 긍휼이 아닌 착취와 억압이 이루어져서는 안 됨을 가르치시는 것입니다.

7. 서원에 관한 규례의 교훈은 무엇입니까?(21-23절)

본문을 단순한 서원에 대한 규례로 이해하는 것은 바람직스럽지 못합니다. 하나님께서는 이 서원의 규례를 통해서 구원의 공동체는 하나님께 신실해야 함을 가르치시는 것입니다. 하나님의 은혜를 강조한 나머지 인간의 죄악과 경솔함을 하나님의 은혜로 묻히게 해서는 안될 것입니다. 서원하고 그것에 더딤이 죄라면 그 서원을 망각하거나 경솔하게 생각하는 것은 큰 죄가 되는 것입니다. 구원의 공동체는 하나님과의 관계에서 이처럼 신실하여야 하는 것입니다.

8. 이웃의 포도원의 포도를 배불리 먹을 수 있음이 가르치는 교훈은 무엇입니까?(24-25절)

이는 이웃의 소유권에 대한 제한을 두는 말씀이 아닌 나그네나 가난하고 굶주린 자들이 그들의 끼니를 해결하기 위해서 남의 포도원이나 곡식밭에 들어가 그것을 먹음을 용납하라는 사랑의 말씀입니다. 이스라엘은 가난한 자를 돌보고 나그네를 대접하여야 하는 것입니다.

묵상

01   하나님 나라에 합당치 않은 행위와 자들을 신약 성경을 통하여 찾아 봅시다.

02   구원에 관한 세상에 대한 바른 안목은 무엇입니까?

03   구원의 공동체로 이웃과 하나님과 자신을 향하여 가져야 할 교훈은 무엇입니까?

되새김

우리는 하나님 나라를 향한 사람들이지만 이 땅을 구원의 공동체로서 살아가야 하는 것입니다. 하나님 나라는 먼 훗날 들어갈 수 있는 그 어떠한 곳이 아니라 오늘의 구원의 공동체로의 삶의 연장 속에서 주어지는 것입니다. 믿음으로 구원을 얻는다는 신약의 가르침이 참된 믿음을 훼손시키고 왜곡시키는 가르침이 되게 해서는 안될 것입니다. 구원의 공동체로서 성경이 가르치는 교훈을 마음에 깊이 심어야 할 것입니다.

PART

23

공동체 내의 약자 보호
24장1~22절

Key Point

이번 과는 십계명의 제8계명의 정신 가운데 있으며, 이스라엘 공동체 내의 약자에 대한 보호에 관한 여러 가지 규례들에 관하여 가르치고 있습니다. 약자를 보호하는 것은 단지 공동체를 바로 세우기 위한 것에 머무는 것이 아니라 하나님께서 이와 같이 공동체를 보호하시고 계심을 가르치며 하나님의 사랑과 긍휼을 받은 자로서의 책임을 전하여 주시는 것입니다.

본문 이해

중앙 성소 규례(12장, 1계명), 우상 숭배 경고(13장, 2계명), 여호와의 성민(14장, 3계명), 안식년과 절기(15-16장, 4계명), 지도자에 관한 규례(17-18장, 5계명), 살인에 관한 규례(19-20장, 6계명), 성결에 관한 규례(21-23장, 7계명)에 이어 이번 장의 규례들은 제8계명과 연관되며 전체적으로 공동체 내의 약자들을 보호하는 규례들에 관한 말씀들입니다. 공동체 내의 약자들을 보호하는 규례들이 제8계명인 '도둑하지 말라'라는 말씀과 연관됨은 제8계명이 도둑질을 금지함에 그 의미와 목적이 있는 것이 아닌 사람을 부하게 하고 보호함에 목적을 두기 때문입니다.

구체적인 사회적인 약자들로서 이혼당한 여인, 신혼인 자, 전당 잡힌 자, 인신매매 된 자, 나병에 들린 자, 가난한 자, 품꾼, 죄인의 가족, 객과 고아와 과부, 나그네와 관련된 규정들을 이번 장에서 다룹니다.

■ 신명기 24장의 구조적 이해

신 24:1-4: 이혼에 관한 규례

신 24:5: 신혼에 관한 규례

신 24:6: 담보에 관한 규례

신 24:7: 인신매매 처벌 규례

신 24:8-9: 나병에 관한 규례

신 24:10-13: 가난한 자에 관한 담보 면제 규례

신 24:14-15: 품삯에 관한 규례

신 24:16: 연좌제 금지 규례

신 24:17-18: 가난한 자의 송사 규례

신 24:19-22: 객과 고아와 과부를 위한 규례

1. 이혼에 관한 규례의 내용과 그 교훈을 살펴봅시다(1-4절).

사람이 아내를 취하여 데려온 후에 수치되는 일이 그에게 있음을 발견하고 그를 기뻐하지 아니하거든 이혼 증서를 써서 그 손에 주고 그를 자기 집에서 내보내게 하였습니다. 이는 이혼을 정당화하려는 수단이 아니라 여자로 하여금 이혼 증서로 말미암아 재혼할 수 있는 길을 열어둔 보호장치가 되는 것이었습니다.

또한 이 여인이 둘째 남편의 아내가 되었다가 그도 이 여자에게 이혼 증서를 써서 내어 보내거나 그 둘째 남편이 죽었을 때에 다시 전남편의 아내가 되지 못함은 결혼의 신성함을 지키기 위함입니다.

2. 신혼에 관한 규례의 내용과 그 교훈은 무엇입니까?(5절)

사람이 새로이 아내를 맞이하였으면 그로 1년간 군대에 징집이 면제되게 하였습니다. 이는 전쟁으로 말미암아 남편을 잃을 수도 있는 아내를 보호하는 것으로 이로 말미암아 결혼의 신성함을 가르치며 또한 한

가정으로 대를 이을 수 있게 하였습니다.

3. 담보에 관한 규례의 내용과 그 교훈은 무엇입니까?(6절)

생활의 필수품으로 맷돌을 전당 잡는 것은 마치 그 생명을 전당 잡는 것과 동일한 것이었습니다. 이는 단지 맷돌만을 이야기하는 것이 아니라 다른 사람의 생명과 같은 것을 전당 잡는 것을 금지함으로 타인의 생명을 보호하는 것입니다.

4. 형제를 인신매매한 자에 관한 규례와 그 교훈을 살펴봅시다(7절).

같은 동족을 유인하여 종으로 삼거나 이를 다시 돈을 주고 파는 것은 사형에 해당하였습니다. 이는 살인행위와 같은 것으로서 생명을 보호하는 성경은 이에 준하는 행위들을 엄격하게 다루고 있습니다.

5. 나병에 관한 규례의 언급을 한 이유는 무엇입니까?(8-9절)

나병에 관한 규례의 내용은 레위기 13-14장에서 자세히 다루고 있습니다. 공동체 내의 약자의 보호에 관한 규례들에서 나병에 관한 규례를 다루고 있는 이유는 가장 천시받는 나병에 해당하는 사람들에게조차 함부로 대할 것이 아니라 규례와 가르침을 따라 행하여야 함을 말씀하시는 것입니다. 곧 가장 천시받는 사람들조차 보호하시는 것입니다. 나병은 본질적으로 한 개인의 모습이 아닌 모든 인생의 영적인 본성을 보여주시는 것으로 누군가를 정죄하는 수단이 아닌 인간 본성에 대한 경계의 수단이 되어야 하는 것입니다. 또한 이스라엘의 영적인 지도자인 미리암조차 나병이 되었다는 것은 모든 사람들로 하여금 경계케 하며 나병으로 말미암은 사회적으로, 도적적으로, 종교적으로 천시되는 모든 사람들을 보호하게 하시는 것입니다.

6. 전당물을 취하는 규례의 내용과 그 교훈을 살펴봅시다(10-13절).

동족 이스라엘에게 이자는 받을 수 없으나 전당물은 받을 수 있었습니다. 그러나 이 전당물은 꾸어주는 사람의 임의가 아닌 꾸는 사람이 정하게 하셨습니다. 가난한 자에 대하여는 전당물을 취하되 그것을 해질 때까지 가지지 말고 그에게 돌려주게 하였습니다. 이로 말미암아 꾸는 사람의 사생활뿐만 아니라 그 생명을 보호하시기 위함입니다. 여러 가지 사회 경제, 법적인 정당함에도 불구하고 믿음의 사람들은 이 사회적인 장치가 아닌 말씀의 법이 어떻게 가르치고 있는가를 명확하게 알아야 할 것이며 이에 준하여 행하여야 할 것입니다. 이로 말미암아 말씀이 가르치는 대로 하나님 앞에 의로움을 가져야 할 것입니다.

"그가 가난한 자이면 너는 그의 전당물을 가지고 자지 말고 해 질 때에 그 전당물을 반드시 그에게 돌려줄 것이라 그리하면 그가 그 옷을 입고 자며 너를 위하여 축복하리니 그 일이 네 하나님 여호와 앞에서 네 공의로움이 되리라"(신 24:12-13)

7. 품군의 대우에 관한 규례의 내용과 그 교훈을 살펴봅시다(14-15절).

오늘날도 임금체불은 심각한 사회적인 문제가 되고 있습니다. 성경은 곤궁하고 빈한한 품군을 학대하지 말고 그 품삯을 당일에 주고 해진 후까지 끌지 말라고 명하고 있습니다. 그가 빈궁하여 그 품삯을 사모함을 기억하여야 할 것이며 그가 하나님께 호소한 즉 그것이 또한 죄로서 품군의 주인에게 돌아온다는 것을 잊어서는 안 될 것입니다. 이는 사회적인 약자에 대한 보호로서 언제나 우리 하나님은 약자의 하나님이심을 가르치시는 것입니다.

8. 개인의 죄의 책임에 대한 성경의 가르침을 살펴봅시다(16절).

아버지는 그 자식을 인하여 죽임을 당치 아니하고 자식들은 그 아버지를 인하여 죽임을 당치 않을 것은 각 개인은 자신의 개인적인 죄에 대해서 책임을 가지기 때문입니다. 인간은 각 개인이 독립된 인격체로서 그에 대한 책임과 심판은 개인적인 것입니다. 이 또한 무죄한 자를 심판으로부터 보호하기 위한 규례가 되는 것입니다.

9. 객과 고아와 과부에 대한 규례의 내용과 그 교훈은 무엇입니까?(17-22절)

객이나 고아의 송사를 억울하게 말며 과부의 옷을 전당 잡지 못하였습니다. 그 외 여러 가지 그들을 위한 배려들은 수동적인 의미뿐만 아니라 더욱 적극적으로 그들을 도울 것을 명하는 것입니다. 말씀이 반복적으로 이스라엘이 본래 애굽에서 종되었음을 기억하게 하시는 이유는 (18, 22절) 종 되었고 객 되었던 자가 하나님에 의해서 속량 된 자로서 그들을 돕는 것은 당연함을 가르치시는 것입니다.

묵상

01 이 땅의 약자는 누구입니까? 이 땅의 약자를 보호하여야 할 이유는 무엇입니까?

02 약자의 보호를 통해서 가르치시는 성경의 가르침은 무엇입니까?

03 약자의 보호와 마태복음 25장31절 이하와 비교하여 봅시다.

되새김

주의 계명은 '내가 너희를 사랑한 것같이 너희도 서로 사랑하라'(요 15:12) 하셨습니다. 곧 내가 너희를 사랑한 것같이 너희도 '나'를 사랑하라고 말씀하시지 않고 '서로' 사랑하라고 말씀하셨습니다. 이웃사랑은 윤리적인 책임이 아닌 신앙적인 고백입니다. 하나님 앞에 언제나 약자인 우리를 보호하시는 하나님께 향한 신앙의 고백이 저 약자들을 보호함으로 나타나는 것입니다. 이 땅의 약자는 누구입니까? 오늘, 우리는 그들을 위하여 무엇을 하고 있습니까?

PART

24

공정성을 위한 규례
25장1~19절

Key Point

약자를 보호하심으로 공동체를 세우시는 하나님께서 이번 과를 통해서는 공정성을 유지
하는 여러 가지 규례를 가르치고 있습니다. 25장의 각 규례들은 십계명의 제9계명과 연
관되며 거짓을 행치 않는 것은 바로 치우치지 않은 공정성을 통하여 증거 되는 것입니다.

구체적인 규례들이 계속 나열되어 있습니다. 그러나 이와 같은 구체적인 규례들 가운데 그 정신이 무엇이고 이 정신들을 묶고 있는 것이 무엇인지를 살핌이 중요합니다. 중앙 성소 규례(12장, 1계명), 우상 숭배 경고(13장, 2계명), 여호와의 성민(14장, 3계명), 안식년과 절기(15-16장, 4계명), 지도자에 관한 규례(17-18장, 5계명), 살인에 관한 규례(19-20장, 6계명), 성결에 관한 규례(21-23장, 7계명), 약자들을 보호하는 규례(24장, 8계명)에 이어 이번 장의 규례들은 십계명의 제9계명의 '네 이웃에 대하여 거짓 증거하지 말라'는 말씀과 연관됩니다. 이웃에 대한 거짓 증거가 아닌 참된 증거는 공정성에서 나타납니다. 그러므로 이번 과의 규례들은 치우치지 않은 공정성에 관하여 증거하며 동시에 공정성이 가지는 엄중성을 함께 증거합니다.

구체적인 내용으로는 재판의 시비를 가리는 일이나, 집행하는 일에 관하여, 일하는 일꾼이 받아야 할 마땅한 대우에 관하여, 계대 결혼에 관하여, 자신의 정당한 목적을 위하여 행하여지는 잘못된 처신에 관하여, 공정한 도량형에 관하여, 아말렉에 관한 규례에 관하여 전합니다.

■ 신명기 25장의 구조적 이해
신 25:1-3: 태형에 관한 규례

신 25:4: 곡식을 떠는 소에 관한 규례

신 25:5-10: 계대 결혼에 관한 규례

신 25:11-12: 남자의 음낭을 잡은 자에 관한 규례

신 25:13-16: 공정한 도량형에 관한 규례

신 25:17-19: 아말렉에 관한 규례

1. 태형에 관한 규례의 내용과 그 교훈을 살펴봅시다(1-3절).

민사상의 재판은 공정하게 행하여야 하며 악인에게 태형이 가하여질 경우 그를 엎드리게 하고 그 죄의 경중대로 적당한 수로 때리되 재판장 앞에서 때리게 하였습니다. 태형의 상한선은 40대로 정하여져 있는데 이는 많은 매가 형제로 경히 여김을 받게 하는 것이기 때문입니다. 즉 재판은 선악을 분별하여 공정하게 처리하여야 하며 사람의 인격과 생명은 여전히 존중되어야 하며 더 나아가 생명에 있어서는 하나님이 관여하고 계심을 밝히는 것입니다.

2. 곡식을 떠는 소에게 망을 씌우지 말라는 규례의 교훈은 무엇입니까?(4절)

노동을 한 짐승에게 정당한 대가를 받을 권리가 있음을 가르치는 규례는 수고한 자가 그 대가를 받는 것이 마땅하다는 교훈으로 신약에 있어 이러한 수고와 노동의 성취가 예수님에 의해서는 복음 전파자에게, 사도 바울에 있어서는 교회 사역자들에게 성취되었음을 밝히는 것은 주목해 보아야 할 사항이 됩니다. 곧 복음을 위하여 일하는 자를 하나

님께서 책임지시고 먹이심에 관한 교훈의 말씀이 됩니다.

"여행을 위하여 배낭이나 두 벌 옷이나 신이나 지팡이를 가지지 말라 이는 일꾼이 자기의 먹을 것 받는 것이 마땅함이라"(마 10:10)

"모세의 율법에 곡식을 밟아 떠는 소에게 망을 씌우지 말라 기록하였으니 하나님께서 어찌 소들을 위하여 염려하심이냐 오로지 우리를 위하여 말씀하심이 아니냐 과연 우리를 위하여 기록된 것이니 밭 가는 자는 소망을 가지고 갈며 곡식 떠는 자는 함께 얻을 소망을 가지고 떠는 것이라 우리가 너희에게 신령한 것을 뿌렸은즉 너희의 육적인 것을 거두기로 과하다 하겠느냐 다른 이들도 너희에게 이런 권리를 가졌거든 하물며 우리일까보냐 그러나 우리가 이 권리를 쓰지 아니하고 범사에 참는 것은 그리스도의 복음에 아무 장애가 없게 하려 함이로다 성전의 일을 하는 이들은 성전에서 나는 것을 먹으며 제단에서 섬기는 이들은 제단과 함께 나누는 것을 너희가 알지 못하느냐 이와 같이 주께서도 복음 전하는 자들이 복음으로 말미암아 살리라 명하셨느니라"(고전 9:9-14)

"성경에 일렀으되 곡식을 밟아 떠는 소의 입에 망을 씌우지 말라 하였고 또 일꾼이 그 삯을 받는 것은 마땅하다 하였느니라"(딤전 5:18)

3. 계대 결혼법의 내용과 그 교훈은 무엇입니까?(5-10절)

자식이 없이 남편이 죽었을 경우에 아내 된 자는 다른 사람과 결혼하지 않고 남편의 형제 된 자와 결혼하여 남편의 대를 잇게 하였으며 남편의 형제 된 자가 이를 거부할 경우에 성읍 장로들을 불러 이를 설득하고 이 또한 거절되었을 때에는 성읍 장로들 앞에서 아내 된 자는 남편의 형제된 자의 신을 벗기고 그 얼굴에 침을 뱉으며 이르기를 그 형제의 집 세우기를 즐겨 아니하는 자에게는 이같이 할 것이라 하며 이스라엘 중에서 그의 이름을 '신 벗김 받은 자의 집'이라 하여 수치를 주었습니다. 이 규례는 남편을 잃은 여인의 생계를 위하며, 하나님의 약속하신 자손의 대가 끊어지지 않게 하는 이중의 효과가 있었습니다.

룻기에서는 이러한 계대 결혼법에 의해서 메시야의 계보가 이어짐으로 그 성취의 모습을 볼 수 있습니다. 이전의 오난과 다말의 경우 이를 거절한 오난은 하나님의 진노로 죽임을 당하였고 룻기의 보아스와 룻의 경우에는 계대 결혼법에 의해서 그리스도의 계보라는 축복을 받습니다. 즉 계대 결혼법은 한 여인의 생계, 한 가문의 보존, 이스라엘 여인의 성결됨 등의 가르침을 넘어 반드시 이루어질 하나님의 약속의 성취의 모습을 보여주시는 것입니다.

4. 추행한 여인의 처벌에 관한 규례의 내용과 그 교훈은 무엇입니까?(11-12절)

남편을 싸움에서 구하고자 상대방의 음낭을 잡은 여인의 손을 찍어

버리고 그를 불쌍히 여기지 말라는 규례는 정당한 목적을 위해서라도 모든 수단과 과정이 용납될 수 없음을 보입니다. 여성의 이와 같은 행위는 남성의 인격을 모독한 것이며, 생명을 위협하며, 더 나아가 한 남자의 가계를 끊을 수 있는 행위이기 때문입니다. 앞의 규례인 계대 결혼법이 형수를 취하기를 거부하는 남자에 대한 경고라면 남자의 음낭을 잡은 여인에 대하여 경고합니다.

5. 도량 형기에 관한 규례의 내용과 그 교훈은 무엇입니까?(13-16절)

공정한 상거래의 근간이 되는 공평한 도량형기의 사용에 관한 규례의 가르침은 단순히 경제적인 가르침을 주는 것으로만 한계를 그어서는 안 될 것입니다. 곧 이러한 공평한 도량형기로부터 우리는 인생을 하나님의 공의의 추로서 제심을 볼 수 있어야 합니다. 하나님의 공의로는 추는 이 세속의 사회 속에서 인생이 걸어야 할 복음적인 길에 관해서 제심을 한시라도 잊어서는 안 될 것입니다.

6. 아말렉 섬멸 명령의 교훈은 무엇입니까?(17-19절)

애굽에서 나오는 길에 아말렉이 네게 행한 일을 기억하라고 하셨습니다. 곧 이스라엘이 하나님의 이끄심을 받아 믿음의 길을 걸을 때, 이스라엘이 피곤할 때에 뒤에 떨어진 약한 자들을 쳤고 하나님을 두려워하지 아니함에 대한 하나님의 보응이 나타나는 것입니다.

먼저 역사적으로 이 아말렉에 섬멸은 400년 후 사울 왕에 의해서(삼상 15장), 히스기야 왕 당시 시므온 자손들에 의해서(대상 4:39-43), 마지막으로 에스더 당시 최후의 아말렉 후손이던 하만과 그의 자손들이 이스라엘에 의해서 멸절당하므로 이 명령은 성취되었습니다.

그러나 보다 복음적으로 이 교훈은 믿음의 길을 걸어가는 자의 약한 틈을 타서 넘어지게 하는 모든 자들에 대한 하나님의 보응으로 믿음의 길을 걷는 자들에 대한 하나님의 보호와 사랑이 나타나고 있는 것입니다.

묵상

01   사람의 인격과 생명을 대함에 있어 잊어서는 안되는 교훈은 무엇입니까?

02   사역자와 그 생계에 관하여 이야기해 봅시다.

03   믿음의 삶의 걸음에 대한 하나님의 도우심에 관하여 나누어 봅시다.

되새김

하나님께서는 친히 공동체를 세우시는 분이실 뿐만 아니라 그 공동체를 유지시
키시는 분이십니다. 하나님은 생명과 그 인격을 보호하시며, 주의 일을 하는 자
를 먹이시며, 약속을 성취하시되 반드시 성취하시며, 인생의 행위를 판단하시며,
주의 길을 가는 자를 보호하시는 것입니다. 공동체의 유지하시는 하나님께서 우
리 공동체에게 말씀하시는 바는 무엇인지 상고해 보아야 할 것입니다.

PART

25

하나님께 감사하라
26장1~19절

Key Point

이번 과는 모세의 제2설교의 결론적인 부분으로서 하나님께 향한 감사와 마지막 율법 준수의 촉구로 이루어져 있습니다. 하나님께 향한 감사는 모든 것이 하나님께로 말미암은 것임을 고백하는 것이며 참된 감사는 하나님뿐만 아니라 레위인과 가난한 자들과 함께 나누게 되는 것입니다.

본문 이해

모세의 제2설교는 말씀을 중심으로 이루어졌습니다. 모세의 제1설교가 과거의 경험을 중심으로 하여 말씀의 준행을 촉구하였다면 제2설교에서는 현재적인 말씀을 제시하였습니다. 먼저 4장44-11장의 말씀을 통하여 율법 준수의 원리와 이유 목적 축복 등을 전하였다면 12-26장까지는 구체적인 세부 율법에 대한 말씀이었습니다. 다음과 같은 단락의 구분과 이해는 신명기를 보다 선명하게 이해함에 도움을 줄 것입니다.

관련 계명	관련구절	중심 규례	주제
제1계명	신 12장	중앙 성소 규례	성소 중심
제2계명	신 13장	미혹자들에 관한 규례	우상 숭배 금지
제3계명	신 14장	정한 짐승, 부정한 짐승	여호와의 성민
제4계명	신 15-16장	안식년, 절기	안식년, 절기
제5계명	신 17-18장	지도자들에 관한 규례	지도자
제6계명	신 19-20장	도피성, 전쟁에 관한 규례	살인
제7계명	신 21-23장	미해결 살인 사건 규례	성결
제8계명	신 24장	이혼에 관한 규례	약자 보호
제9계명	신 25장	태형 규례	공정성
제10계명	신 26장	첫 열매의 헌물 규례	첫 열매 감사

앞선 도표의 보다 세부적인 규례에 관하여는 다음과 같습니다.

중심 규례	세부 규례
중앙 성소 규례	1. 산당과 우상 훼파 2. 중앙 성소 3. 식용과 제물용 짐승의 도축 장소 4. 피에 관한 규례 5. 우상 숭배 금지
미혹자들에 관한 규례	1. 선지자나 꿈꾸는 자 2. 가족과 친구 3. 한 성읍
정한 짐승, 부정한 짐승	1. 죽은 자를 위한 자해 금지 2. 정한 짐승 부정한 짐승 3. 스스로 죽은 것의 식용 금지 4. 제2십일조 5. 제3십일조
안식년, 절기	1. 안식년 2. 유월절 3. 칠칠절 4. 초막절
지도자들에 관한 규례	1. 재판 2. 우상 제작 3. 가증한 제물 4. 우상 숭배자 5. 판결하기 어려운 재판 6. 왕에 관련된 규례 7. 제사장과 레위 지파의 분깃 8. 레위인의 중앙 성소 진출 허용 9. 이방 선지자 용납 금지 10. 선지자에 대한 약속
도피성, 전쟁에 관한 규례	1. 도피성 2. 경계표 3. 증인에 관한 규례 4. 전쟁에 임하는 자의 자세 5. 일반 전쟁의 규율 6. 가나안 족속과 전쟁의 특별 규율 7. 성읍 점령시 유의사항
미해결 살인 사건 규례	1. 미해결 살인 사건 2. 포로를 아내로 삼기 위한 규례 3. 장자의 상속권 4. 불효자 5. 시체 처리 6. 형제의 잃은 소유 7. 남녀의 의복 구별 8. 새끼 있는 어미의 보호 9. 난간 건축 10. 혼합 금지 11. 옷술 12. 신부의 순결 13. 여러 가지 성 14. 여호와의 총회 참석자 15. 병영 정결 16. 도망 온 종 17. 창기와 남창 18. 이자 금지 19. 서원 이행 20. 가난한 이웃을 위한 규례
이혼에 관한 규례	1. 이혼 2. 신혼 3. 담보 4. 인신매매 5. 나병 6. 가난한 자의 담보 7. 품삯 8. 연좌제 9. 가난한 자의 송사 10. 객과 고아와 과부
태형 규례	1. 태형 2. 곡식 떠는 소 3. 계대 결혼법 4. 남자의 음낭을 잡은 여인 5. 공정한 도량형 6. 아말렉
첫 열매의 헌물 규례	1. 첫 열매의 헌물 규례 2. 제3년의 십일조 규례

모세의 두 번째 설교(4:44-26:19)의 마지막 장으로서 또한 율법의 원리가 되는 십계명을 바탕으로 한 실제적인 세부 교훈의 마지막 장으로서 26장의 말씀은 제10계명의 본래적인 정신을 바탕으로 감사를 교훈하여 마지막으로 율법 준수를 촉구합니다.

■ 신명기 26장의 구조적 이해

신 26:1-11: 가나안 첫 열매 봉헌
신 26:12-15: 제3년의 십일조 규례
신 26:16-19: 제2설교의 결론

1. 첫 열매의 봉헌을 살펴봅시다(1-11절).

1) 가나안 땅은 어떠한 땅입니까?(1, 2, 3, 9절)

가나안 땅은 '기업으로 주어 차지하게 하실 땅'(1절), '네게 주신 땅'(2절), '주시겠다고 조상들에게 맹세하신 땅'(3절), '젖과 꿀이 흐르는 땅'(9절)입니다.

2) 첫 열매의 봉헌이 드리지는 장소는 어디입니까?(2절)

하나님께서 그 이름을 두시려고 택하신 곳

3) 예물을 받치는 자가 해야 할 고백의 말씀을 살펴봅시다(5-10절).

26장5-10절 참고

"너는 또 네 하나님 여호와 앞에 아뢰기를 내 조상은 방랑하는 아람 사람으로서 애굽에 내려가 거기에서 소수로 거류하였더니 거기에서 크고 강하고 번성한 민족이 되었는데 애굽 사람이 우리를 학대하며 우리를 괴롭히며 우리에게 중노동을 시키므로 우리가 우리 조상의 하나님 여호와께 부르짖었더니 여호와께서 우리 음성을 들으시고 우리의 고통과 신고와 압제를 보시고 여호와께서 강한 손과 편 팔과 큰 위엄과 이적과 기사로 우리를 애굽에서 인도하여 내시고 이곳으로 인도하사 이 땅 곧 젖과 꿀이 흐르는 땅을 주셨나이다 여호와여 이제 내가 주께서 내게 주신 토지 소산의 맏물을 가져왔나이다 하고 너는 그것을 네 하나님 여호와 앞에 두고 네 하나님 여호와 앞에 경배할 것이며"(신26:5-10)

4) 예물 받치는 자가 행하여야 할 세 가지는 무엇입니까?(10-11절)

첫째, 예물을 받치는 자는 그 예물을 하나님 여호와 앞에 두어야 하며 둘째, 하나님 여호와 앞에 경배하여야 하며 셋째, 하나님 여호와께서 너와 네 집에 주신 모든 복으로 말미암아 레위인과 거류하는 객과 함께 즐거워해야 합니다.

2. 제3년의 십일조에 관한 가르침을 살펴봅시다(12-15절).

1) 제3년의 십일조에 관한 이전의 말씀이 다시 언급된 이유는 무엇입니까?(14장22-29절, 26장12-15절)

이는 앞의 첫 열매에 봉헌과 이어집니다. 제3년의 십일조, 셋째 십일조에서 밝히는 바와 같이 참된 감사는 레위인과 객과 고아와 과부를 돌봄에 있는 것입니다.

2) 제3년의 십일조를 바친 후에 해야 될 고백의 말씀은 무엇입니까?(26:13-15)

26장13-15절 참고

"그리 할 때에 네 하나님 여호와 앞에 아뢰기를 내가 성물을 내 집에서 내어 레위인과 객과 고아와 과부에게 주기를 주께서 내게 명령하신 명령대로 하였사오니 내가 주의 명령을 범하지도 아니하였고 잊지도 아니하였나이다 내가 애곡하는 날에 이 성물을 먹지 아니하였고 부정한 몸으로 이를 떼어두지 아니하였고 죽은 자를 위하여 이를 쓰지 아니하였고 내 하나님 여호와의 말씀을 청종하여 주께서 내게 명령하신 대로 다 행하였사오니 원하건대 주의 거룩한 처소 하늘에서 보시고 주의 백성 이스라엘에게 복을 주시며 우리 조상들에게 맹세하여 우리에게 주신 젖과 꿀이 흐르는 땅에 복을 내리소서 할지니라"(신 26:13-15)

3. 모세의 제2설교의 결어를 살펴봅시다(16-19절).

본문은 모세의 제2설교를 마무리 짓는 결론적인 부분입니다. 하나님의 규례와 법도를 지키되 마음을 다하고 뜻을 다하여 지켜야 합니다. 하나님을 인정하고 그 도를 행하고 그 규례와 명령과 법도를 지킬 때에 하나님께서는 이스라엘에게 세 가지 복을 허락하십니다. 첫째, 하나님께서 자기의 보배로운 백성이 되게 하시고 둘째, 그들을 찬송과 명예와 영광으로 삼으사 지으신 모든 민족 위에 뛰어나게 하시고 셋째, 그들을 하나님 여호와의 성민이 되게 하십니다.

묵 상

01 첫 열매의 봉헌이 주는 교훈은 무엇입니까?

02 참된 감사에 관하여, 대상과 연관하여 살펴봅시다.

03 하나님의 법도를 지키는 자에게 허락하시는 하나님의 축복을 살펴봅시다.

되새김

하나님께 향한 감사는 이 모든 것이 하나님께로 말미암은 것임을 고백하는 것입니다. 그러므로 참된 고백은 먼저 고백의 말씀과 같이 하나님께서 행하신 일들을 인정하고 그로 말미암은 감사가 되어야 합니다. 또한 하나님의 말씀과 그 규례와 법도를 마음을 다하고, 성품을 다하여 지키는 자, 그를 인정하고 그 법도를 지키는 자에게 주시는 하나님의 약속의 말씀을 주목하고 우리의 삶을 늘 하나님의 말씀 가운데 못을 박아야 할 것입니다.

신명기

제4부

제3설교
(27-30장)

P A R T

26

축복과 저주 의식
27장1~26절

Key Point

이스라엘의 광야 생활을 상기시킨 모세의 제1설교(1:1-4:43)와, 율법의 준수를 촉구하고 강조한 모세의 제2설교(4:44-26:19)에 이어 율법에 순종과 불순종에 의한 축복과 저주의 말씀을 통해서 순종을 촉구하는 모세의 제3설교(27:1-34:12)가 이번 과로부터 시작됩니다.

본문 이해

신명기 27-30장은 신명기의 세 번째 모세의 고별 설교입니다. 1장-4장43절의 제1설교는 과거적으로 경험적인 교훈을 통한 말씀에 순종을, 4장44-26장의 제2설교는 현재적으로 하나님의 율법에 기초하여 말씀 준수를 권면하며, 마지막 제3설교는 미래적으로 축복과 저주의 선포를 통해서 율법에 순종을 촉구합니다. 이스라엘은 과거를 볼 수 있어야 하며 과거의 교훈을 잊어서는 안됩니다. 또한 하나님의 말씀은 과거적인 말씀이 아닌 현재적인 말씀임을 분별하여야 합니다. "이 언약은 여호와께서 우리 조상들과 세우신 것이 아니요 오늘 여기 살아 있는 우리 곧 우리와 세우신 것이라"(신 5:3) 하나님의 말씀은 현재 우리에게 주신 말씀이며, 현재의 우리들에게 응답을 요구하시는 것입니다. 더 나아가 말씀은 미래적인 축복과 저주를 보이심을 통해서 말씀에 순종해야 할 이유를 제시합니다. 하나님의 축복과 저주는 운명적으로 임하는 것이 아니라 말씀에 대한 태도에 따라 달라지는 것입니다.

■ 신명기 27장의 구조적 이해

신 27:1-8: 에발 산에 돌비 및 제단 건축 명령

신 27:9-10: 말씀 청종 명령

신 27:11-13: 그리심 산의 축복과 에발 산의 저주

신 27:14-26: 12 저주 선포

1. 이스라엘의 요단을 건넌 직후에 행하여야 하는 일은 무엇입니까?(1-8절)

이스라엘은 가나안에 입성하여 제일 먼저 율법을 돌에 새겨 에발 산에 세우며(1-4절) 다듬지 않은 돌로 단을 쌓고 거기서 번제와 화목제를 드려야 했습니다. 율법을 새길 큰 돌들에는 석회를 발랐는데 이는 말씀을 선명하게 보이게 하기 위한 것으로 시각적인 효과를 더하는 것이며, 단은 돌단을 쌓되 철기를 대지 않은 다듬지 않은 돌로 쌓음은 구원의 제단이 부정한 인생과 도구에 의해서 다듬어질 수 없음을 보이시는 것입니다(출 20:25, 신 27:5-6). 이 돌들이 축복이 아닌 저주를 선포하게 될 에발산에 세워진 것은 하나님의 말씀을 어기게 될 심판으로서 저주에 대하여 경각심을 갖게 하기 위함입니다.

2. 장로들과 레위인의 역할은 각각 무엇이었습니까?(1, 9절).

제사장들은 제사 의식과 더불어 백성들을 율법으로 가르치고 축복과 저주하는 권한을 가졌습니다.

3. 그리심 산에서의 축복의 선포에 관하여 살펴봅시다(12절).

모세는 백성에게 명령하여 이르기를 그들이 요단을 건넌 후에 시므온과 레위와 유다와 잇사갈과 요셉과 베냐민은 백성을 축복하기 위하여 그리심 산에 서라 하였습니다. 이들은 모두 야곱의 정부인 레아와 라헬에게서 난 지파들입니다. 야곱의 정부로부터 난 지파의 자손들이 축복의 선언을 맡은 것은 하나님의 본래적인 뜻이 이 축복에 있음을 밝히는 것입니다.

4. 에발 산에서의 저주의 선포에 관하여 살펴봅시다(13절).

르우벤과 갓과 아셀과 스불론과 단과 납달리는 저주하기 위하여 에발 산에 서라 하였습니다. 르우벤과 스불론을 제외한 이들은 야곱의 첩이 었던 빌하와 실바의 후손들이었습니다. 르우벤은 야곱의 첩인 빌하를 범하였으므로 그리심 산이 아닌 첩들의 소생들인 지파들과 함께 에발 산에서 저주의 선언을 함께 하게 되었으며 또한 르우벤은 레아의 장자 이며 스불론은 레아의 막내아들이었기 때문으로 추정됩니다.

5. 레위 사람에 의한 축복과 저주의 선포에 관한 말씀을 살펴봅시다(14-26 절).

레위 제사장들은 그리심 산과 에발 산 사이에 서서 모세의 말을 전달 받아 양편에 갈라 서 있는 백성들에게 큰 소리로 외쳤습니다. 본문의 말 씀은 여호수아 8장30-35절에서 실행되었습니다. 단지 본문의 말씀에 서는 축복의 내용은 생략된 채 12가지의 저주만이 언급되고 있는데 이 는 불순종으로 말미암아 저주를 초래하기 쉬운 연약한 인생의 모습을 적나라하게 보여주며 또한 경각심을 갖게 하기 위함입니다.

6. 12가지 저주문에 대하여 살펴봅시다(15-26절).

1. 장색의 손으로 조각하였거나 부어 만든 우상은 여호와께 가증하니 그것을 만들어 은밀히 세우는 자는 저주를 받을 것이라 할 것이요 모든

백성은 응답하여 말하되 아멘 할지니라

2. 그 부모를 경홀히 여기는 자는 저주를 받을 것이라 할 것이요 모든 백성은 아멘 할지니라

3. 그 이웃의 경계표를 옮기는 자는 저주를 받을 것이라 할 것이요 모든 백성은 아멘 할지니라

4. 맹인에게 길을 잃게 하는 자는 저주를 받을 것이라 할 것이요 모든 백성은 아멘 할지니라

5. 객이나 고아나 과부의 송사를 억울하게 하는 자는 저주를 받을 것이라 할 것이요 모든 백성은 아멘 할지니라

6. 그의 아버지의 아내와 동침하는 자는 그의 아버지의 하체를 드러냈으니 저주를 받을 것이라 할 것이요 모든 백성은 아멘 할지니라

7. 짐승과 교합하는 모든 자는 저주를 받을 것이라 할 것이요 모든 백성은 아멘 할지니라

8. 그의 자매 곧 그 아버지의 딸이나 어머니의 딸과 동침하는 자는 저주를 받을 것이라 할 것이요 모든 백성은 아멘 할지니라

9. 장모와 동침하는 자는 저주를 받을 것이라 할 것이요 모든 백성은 아멘 할지니라

10. 그의 이웃을 암살하는 자는 저주를 받을 것이라 할 것이요 모든 백성은 아멘 할지니라

11. 무죄자를 죽이려고 뇌물을 받는 자는 저주를 받을 것이라 할 것이요 모든 백성은 아멘 할지니라

12. 이 율법의 말씀을 실행하지 아니하는 자는 저주를 받을 것이라 할 것이요 모든 백성은 아멘 할지니라

묵상

01 하나님의 말씀에 대한 시각적이며 청각적인 필요에 관하여 나누어봅시다.

02 축복과 저주, 삶과 죽음의 분기점은 무엇입니까?

03 성경의 저주는 어떠한 역할을 합니까?

되새김

하나님의 율법의 말씀의 돌비가 저주가 선포되는 에발산에 세워지고 축복의 선포가 생략된 채 저주의 12 선포가 나타나는 것은 모두 죄에 대한 인간의 연약함과 인생의 경각심을 위한 것입니다. 말씀의 저주는 경고의 기능을 할 뿐, 그것은 해코지 하거나 예언적인 기능을 가진 저주로서의 기능을 하는 것이 아닙니다. 따라서 성경의 저주의 말씀을 들을 때에 우리는 더욱 순종함으로 말미암아 그 저주를 피해 축복된 길로 나아가야 할 것입니다.

PART

27

축복과 저주 1
28장1~19절

Key Point

전장(27장)에서 축복과 저주의 선언에서 저주의 내용만 말씀하심에 이어 순종과 불순종에 따라 축복과 저주의 내용에 나타나고 있습니다. 신명기 28장은 내용상으로는 출애굽기 23장20-33절과 레위기 26장을 확대하고 있습니다. 28장은 크게 세 부분으로 나뉘어 축복의 말씀(1-14절)과 저주의 말씀(15-19) 그리고 저주의 확대로써 이스라엘 전민족에게 임할 저주의 예언적 말씀(20-68)으로 이루어져 있습니다. 이 중에 이번 과에서는 처음 두 단락을 다루고 있습니다.

본문 이해

27-30장의 모세의 마지막 설교인 세 번째 고별 설교 가운데 축복과 저주에 관한 말씀입니다. 축복과 저주의 조건은 많은 다양한 조건이 아닌 단 하나의 조건입니다. 이는 말씀의 순종과 불순종에 대한 결과입니다.

말씀에 순종할 때에... 뛰어나게 하실 것이며(1절)

말씀에 순종할 때에... 복이 임할 것이며(2절)

말씀에 순종할 때에... 하나님의 성민이 될 것이며(9절)

말씀에 순종할 때에... 이와 같을 것입니다(14절).

반대로 말씀에 불순종할 때에... 이 모든 저주가 네게 임할 것입니다 (15절).

■ 신명기 28장1-19절의 구조적 이해

신 28:1-14: 순종과 축복

신 28:15-19: 불순종과 저주

1. 순종에 대한 축복의 말씀을 살펴봅시다(1-14절).

　1) 순종에 대한 조건과 약속은 무엇입니까?(1-2, 9, 13-14절)

　① 1절

　조건: '네가 네 하나님 여호와의 말씀을 삼가 듣고 내가 오늘 네게 명령하는 그의 모든 명령을 지켜 행하면'

　약속: '네 하나님 여호와께서 너를 세계 모든 민족 위에 뛰어나게 하실 것이라'

　② 2절

　조건: '네가 네 하나님 여호와의 말씀을 청종하면'

　약속: '이 모든 복이 네게 임하며 네게 이르리니'

　③ 9절

　조건: '네가 네 하나님 여호와의 명령을 지켜 그 길로 행할 것임이니라'

　약속: '여호와께서 네게 맹세하신 대로 너를 세워 자기의 성민이 되게 하시리니'

　④ 13-14절

　조건: '오직 너는 내가 오늘 네게 명령하는 네 하나님 여호와의 명령을 듣고 지켜 행하며 내가 오늘 너희에게 명령하는 그 말씀을 떠나 좌로나 우로나 치우치지 아니하고 다른 신을 따라 섬기지 아니하면'

약속: '이와 같으리라'(10-13절 참조)

2) 순종에 대한 축복의 내용들을 살펴봅시다(3-6절).

① 성읍에서도 복을 받고

② 들에서도 복을 받을 것이며

③ 네 몸의 자녀와 네 토지의 소산과 네 짐승의 새끼와 소와 양의 새끼가 복을 받을 것이며

④ 네 광주리와 떡 반죽 그릇이 복을 받을 것이며

⑤ 네가 들어와도 복을 받고

⑥ 나가도 복을 받을 것이니라

3) 순종에 대한 구체적인 축복의 내용들을 살펴봅시다(7-14절).

① "여호와께서 너를 대적하기 위해 일어난 적군들을 네 앞에서 패하게 하시리라 그들이 한 길로 너를 치러 들어왔으나 네 앞에서 일곱 길로 도망하리라"(7절)

② "여호와께서 명령하사 네 창고와 네 손으로 하는 모든 일에 복을 내리시고 네 하나님 여호와께서 네게 주시는 땅에서 네게 복을 주실 것이며"(8절)

③ "여호와께서 네게 맹세하신 대로 너를 세워 자기의 성민이 되게 하시리니 이는 네가 네 하나님 여호와의 명령을 지켜 그 길로 행할 것임

이니라 땅의 모든 백성이 여호와의 이름이 너를 위하여 불리는 것을 보고 너를 두려워하리라"(9-10절)

④ "여호와께서 네게 주리라고 네 조상들에게 맹세하신 땅에서 네게 복을 주사 네 몸의 소생과 가축의 새끼와 토지의 소산을 많게 하시며"(11절)

⑤ "여호와께서 너를 위하여 하늘의 아름다운 보고를 여시사 네 땅에 때를 따라 비를 내리시고 네 손으로 하는 모든 일에 복을 주시리니 네가 많은 민족에게 꾸어줄지라도 너는 꾸지 아니할 것이요 여호와께서 너를 머리가 되고 꼬리가 되지 않게 하시며 위에만 있고 아래에 있지 않게 하시리니"(12-13절)

"내가 오늘 너희에게 명령하는 그 말씀을 떠나 좌로나 우로나 치우치지 아니하고 다른 신을 따라 섬기지 아니하면 이와 같으리라"(14절)

2. 불순종에 대한 저주를 살펴봅시다(15-19절).

1) 저주에 대한 조건과 약속은 무엇입니까?(15절)

조건: '네가 만일 네 하나님 여호와의 말씀을 순종하지 아니하여 내가 오늘 네게 명령하는 그의 모든 명령과 규례를 지켜 행하지 아니하면'

약속: '이 모든 저주가 네게 임하며 네게 이를 것이니'

2) 불순종에 대한 저주의 내용들을 살펴봅시다(16-19절).

① 네가 성읍에서도 저주를 받으며

② 들에서도 저주를 받을 것이요

③ 또 네 광주리와 떡 반죽 그릇이 저주를 받을 것이요

④ 네 몸의 소생과 네 토지의 소산과 네 소와 양의 새끼가 저주를 받을 것이며

⑤ 네가 들어와도 저주를 받고

⑥ 나가도 저주를 받으리라

묵 상

01 순종의 결과로써의 축복을 살피며 나의 삶을 비춰어 봅시다.

02 불순종의 결과로써의 저주를 살피며 나의 삶을 비춰어 봅시다.

03 복을 구하는 기복 신앙에 대한 바른 견해에 관해서 생각하여 봅시다.

되새김

축복과 저주는 하나님 말씀에 대한 순종과 불순종으로 나뉘어 있는 것입니다. 그것은 우연이나 필연적인 것이 아닌 하나님의 말씀에 대한 우리의 선택에 의한 것입니다. 이제 믿음의 사람은 하나님의 말씀을 주목하여야 할 것이며 가만히 그 말씀의 가르침을 듣고 바른 삶의 선택을 할 수 있어야 할 것입니다. 오늘 나는 어떠한 선택을 합니까? 그것은 바로 신앙의 선택이며 그 선택은 하나님의 말씀에 의한 순종과 불순종에 따른 축복과 저주로 나뉘어 갈 것입니다.

PART

28

축복과 저주 2
28장20~68절

Key Point

이전 과에서의 저주는 더욱 확대되어 이번 과로부터 다루는 저주는 이스라엘 전민족에게 임할 저주가 예언적으로 나타나 있습니다. 이는 단순한 저주를 넘어 저주를 통한 이스라엘 장래를 예언적으로 보여주는 것입니다.

본문 이해

말씀에 대한 순종은 축복을, 말씀에 대한 불순종은 저주를 가져옵니다. 이 축복과 저주는 각각 개인적으로 나타나고 민족적으로 나타나게 됩니다. 신명기 28장은 축복과 저주의 선언으로, 먼저 축복의 선언의 1-14절의 말씀은 1-6절의 개인적인 축복과 7-14절의 민족적인 축복으로, 저주의 선언은 15-68절까지의 말씀으로 개인적인 저주의 말씀인 15-19절과 민족적인 저주의 말씀인 20-68절의 말씀으로 나뉩니다. 개인이든 공동체든 결국 말씀에 대한 태도로 말미암아 그의 인생이 결정되는 것입니다. 이제 이번 과에서 이스라엘의 불순종으로 말미암은 민족적인 저주의 말씀을 다룹니다.

■ 신명기 28장20-68절의 구조적 이해

　신 28:20-24: 질병과 가뭄의 저주
　신 28:25-35: 전쟁과 질병, 압제와 강탈의 저주
　신 28:36-46: 포로 됨과 비천해짐의 저주
　신 28:47-57: 대적으로부터 받는 위험의 저주
　신 28:58-68: 불순종에 따른 저주

1. 질병과 가뭄의 저주를 살펴봅시다(20-24절).

　저주의 원인: '네가 악을 행하여 그를 잊으므로 네 손으로 하는 모든

일에

저주의 결과:

① '여호와께서 저주와 혼란과 책망을 내리사 망하며 속히 파멸하게 하실 것이며'(20절)

② '여호와께서 네 몸에 염병이 들게 하사 네가 들어가 차지할 땅에서 마침내 너를 멸하실 것이며'(21절)

③ '여호와께서 폐병과 열병과 염증과 학질과 한재(가뭄으로 인한 재앙)와 풍재(바람으로 인한 재앙)와 썩는 재앙(곡식이 썩어 마르게 하는 재앙)으로 너를 치시리니 이 재앙들이 너를 따라서 너를 진멸하게 할 것이라'(22절)

④ '네 머리 위의 하늘은 놋이 되고 네 아래의 땅은 철이 될 것이며'(23절)
12절의 축복과 대조됩니다.

⑤ '여호와께서 비 대신에 티끌과 모래를 네 땅에 내리시리니 그것들이 하늘에서 네 위에 내려 마침내 너를 멸하리라'(24절)

2. 전쟁과 질병, 압제와 강탈의 저주를 살펴봅시다(25-35절).
① 전쟁으로 인한 저주: '여호와께서 너를 네 적군 앞에서 너를 패하

게 하시리니 네가 한 길로 그들을 치러 한 길로 나가서 그들 앞에서 일곱 길로 도망할 것이며 네가 또 땅의 모든 나라 중에 흩어지고'(25절)

7절의 축복과 대조됩니다.

② '네 시체가 공중의 모든 새와 땅 짐승들의 밥이 될 것이나 그것들을 쫓아 줄 자가 없을 것이며'(26절)

③ 질병으로 인한 저주: '여호와께서 애굽의 종기와 치질과 괴혈병과 피부병으로 너를 치시리니 네가 치유 받지 못할 것이며'(27절)

④ '여호와께서 또 너를 미치는 것과 눈머는 것과 정신병으로 치시리니'(28절)

⑤ '맹인이 어두운 데에서 더듬는 것과 같이 네가 백주에도 더듬고 네 길이 형통하지 못하여 항상 압제와 노략을 당할 뿐이리니 너를 구원할 자가 없을 것이며'(29절)

⑥ 압제와 강탈로 인한 저주(아내, 집, 포도원, 가축):
'네가 여자와 약혼하였으나 다른 사람이 그 여자와 같이 동침할 것이요

집을 건축하였으나 거기에 거주하지 못할 것이요

포도원을 심었으나 네가 그 열매를 따지 못할 것이며

네 소를 네 목전에서 잡았으나 네가 먹지 못할 것이며

네 나귀를 네 목전에서 빼앗겨도 도로 찾지 못할 것이며

네 양을 원수에게 빼앗길 것이나 너를 도와 줄 자가 없을 것이며'(30-31절)

⑦ 자녀에 대한 압제와 강탈의 저주:

'네 자녀를 다른 민족에게 빼앗기고 종일 생각하고 찾음으로 눈이 피곤하여 지나 네 손에 힘이 없을 것이며'(32절)

⑧ 땅의 소산에 대한 압제와 강탈의 저주:

'네 토지 소산과 네 수고로 얻은 것을 네가 알지 못하는 민족이 먹겠고 너는 항상 압제와 학대를 받을 뿐이리니'(33절)

⑨ 압제와 강탈의 결과:

'이러므로 네 눈에 보이는 일로 말미암아 네가 미치리라

여호와께서 네 무릎과 다리를 쳐서 고치지 못할 심한 종기를 생기게 하여 발바닥에서부터 정수리까지 이르게 하시리라'(34-35절)

3. 포로 됨과 비천해짐의 저주에 관하여 살펴봅시다(36-46절).

① '여호와께서 너와 네가 세울 네 임금을 너와 네 조상들이 알지 못하던 나라로 끌어 가시리니 네가 거기서 목석으로 만든 다른 신들을 섬길 것이며'(36절)

예언된 말씀의 성취로 북이스라엘은 B.C. 722년에 앗수르에게, 남유다는 B.C. 586년에 바벨론에게 멸망하게 되었습니다.

② '여호와께서 너를 끌어 가시는 모든 민족 중에서 네가 놀람과 속담과 비방거리가 될 것이라'(37절)

③ 네가 많은 종자를 들에 뿌릴지라도 메뚜기가 먹으므로 거둘 것이 적을 것이며

네가 포도원을 심고 가꿀지라도 벌레가 먹으므로 포도를 따지 못하고 포도주를 마시지 못할 것이며

네 모든 경내에 감람나무가 있을지라도 그 열매가 떨어지므로 그 기름을 네 몸에 바르지 못할 것이며

네가 자녀를 낳을지라도 그들이 포로가 되므로 너와 함께 있지 못할 것이며

네 모든 나무와 토지 소산은 메뚜기가 먹을 것이며

너의 중에 우거하는 이방인은 점점 높아져서 네 위에 뛰어나고 너는 점점 낮아질 것이며

그는 네게 꾸일지라도 너는 그에게 꾸어주지 못하리니 그는 머리가 되고 너는 꼬리가 될 것이라

④ 저주의 이유와 결과:

'네가 네 하나님 여호와의 말씀을 청종하지 아니하고 네게 명령하신

그 명령과 규례를 지키지 아니하므로 이 모든 저주가 네게 와서 너를 따르고 네게 이르러 마침내 너를 멸하리니 이 모든 저주가 너와 네 자손에게 영원히 있어서 표징과 훈계가 되리라'(45-46절)

4. 대적으로부터 받는 위험의 저주를 살펴봅시다(47-57절).

저주의 이유: '네가 모든 것이 풍족하여도 기쁨과 즐거운 마음으로 네 하나님 여호와를 섬기지 아니함으로 말미암아'(47절)

저주의 내용: 47-57절 참조, 이 저주의 내용은 열왕기상 6장 24-30절에서 아람 사람이 사마리아를 에워쌌을 때와 애가 2장 20절과 4장 10절에서 바벨론이 예루살렘을 에워쌌을 때에 성취되었습니다.

5. 저주의 이유와 그 내용을 살펴봅시다(58-68절).

저주의 이유: '네가 만일 이 책에 기록한 이 율법의 모든 말씀을 지켜 행하지 아니하고 네 하나님 여호와라 하는 영화롭고 두려운 이름을 경외하지 아니하면'(58절)

저주의 내용: 59-61절 참조

저주의 이유: '너희가 하늘의 별 같이 많을지라도 네 하나님 여호와의 말씀을 청종하지 아니하므로'
저주의 내용: 62-68절 참조

묵상

01 저주의 원인은 무엇입니까?

02 저주는 축복과 어떠한 관계가 있습니까?

03 저주의 확장에 관하여 나누어봅시다.

되새김

축복과 저주는 추상적인 것이 아닌 구체적이며 또한 가시적인 것입니다. 또한 축복과 저주는 그 특징상 명확하게 대조가 되어 있습니다. 이러한 구체적이며 가시적이며 또한 대조적인 축복과 저주는 하나님의 말씀에 대한 순종과 불순종으로 말미암는 것입니다. 따라서 비록 저주의 말씀이라고 할지라도 이 저주의 말씀을 통해서 지속적으로 주시는 메시지는 하나님의 말씀에 대한 순종을 가르치시는 것입니다.

PART

29

모압 언약
29장1~29절

Key Point

모압 언약은 호렙산의 시내산 언약의 갱신과 재확인의 언약입니다. 또한 이 모압 언약으로 밝히는 바는 하나님의 언약은 과거에 속한 사람들에게뿐만 아니라 오늘날과 더불어 모든 세대에게 주시는 말씀임을 밝히고 있습니다. 시내산 언약이 있음에도 불구하고 이 모압 언약이 주어지듯, 과거의 언약은 오늘의, 현재의 언약으로 재확인하여야 하는 것입니다.

본문 이해

"호렙에서 이스라엘 자손과 세우신 언약 외에 여호와께서 모세에게 명령하여 모압 땅에서 그들과 세우신 언약의 말씀은 이러하니라"(신 29:1)

앞선 축복과 저주의 말씀을 선포하심에 이어 이번 장에서 이스라엘과 맺으신 언약에 관하여 말씀하십니다. 곧 하나님께서 호렙에서 이스라엘 자손과 맺으신 언약인 '시내산 언약' 외에 또 다른 모압 땅에서 세우신 언약인 '모압 언약'에 관한 말씀입니다. 시내산 언약이 하나님께서 출애굽한 이스라엘과 맺으신 언약이라면 모압 언약은 하나님께서 광야 세대와 맺으신 언약입니다.

모압 언약은 시내산 언약의 반복입니다. 모압 언약은 시내산 언약과 전혀 다른 또 다른 언약이 아닌 시내산 언약의 반복이 되는 것입니다. 그러므로 모압 언약은 시내산 언약의 연속입니다. 그러나 모압 언약은 시내산 언약과 구분되는 특징을 가집니다. 곧 시내산 언약이 하나님과 이스라엘 백성들과 언약이라면 모압 언약은 시내산 언약이 바로 이스라엘 백성들을 뛰어넘어 모든 세대의 사람들과의 언약이 됨을 알게 하시는 것입니다. 모압 언약으로 하나님과의 언약이 한 시대가 아닌 모든 시대에 적용되는 초월적인 언약이 되며 과거적인 언약이 아닌 현재적 언약이 되며, 간접적인 언약이 아닌 직접적인 언약이 되게 하는 것입니다.

"내가 이 언약과 맹세를 너희에게만 세우는 것이 아니라 오늘 우리 하나님 여호와 앞에서 우리와 함께 여기 서 있는 자와 오늘 우리와 함께 여기 있지 아니한 자에게까지이니"(신 29:14-15)

■ 신명기 29장의 구조적 이해

신 29:1-9: 출애굽의 회고와 말씀 순종 촉구
신 29:10-15: 언약의 대상
신 29:16-21: 불순종에 대한 경고
신 29:22-29: 불순종한 자에 대한 심판

1. 29장의 말씀을 축소된 신명기 말씀으로서 풀어봅시다.

	신명기	29장(모압 언약)
출애굽의 회상	1:6-4:43	1-8
율법 순종에 대한 요구	4:44-26:19	9
축복과 저주	27:1-34:12	16-29

2. 시내산 언약과 모압 언약의 차이는 무엇입니까?(1절)

모압 언약은 시내산 언약(출24장)과 다른 무엇이 아닌 시내산 언약을 재확인하는 것입니다.

3. 출애굽 회고의 말씀을 살펴봅시다(2-9절).

출애굽 회고의 이전의 말씀(신 1:6-4:43, 8:1-5)과 다른 것은 4절의 말씀이 추가되어 있는 것입니다. 이는 신명기 30장6절의 마음의 할례와 연결되어 있으며, 바울은 이에 관해서 말하기를 "기록된 바 하나님이 오늘까지 그들에게 혼미한 심령과 보지 못할 눈과 듣지 못할 귀를 주셨다 함과 같으니라"(롬 11:8)라고 전하였습니다.

4. 언약의 대상은 누구입니까?(10-15절)

언약의 대상은 먼저 동시대적으로 남녀노소, 정치적 사회적 문화적 경제적 귀천, 민족과 혈통을 초월하여 모든 사람들에게 향한 것입니다. 뿐만 아니라 이 언약은 과거 열조 아브라함과 이삭과 야곱에게 약속하신 바가 되며 현재적으로 언약의 대상으로 서 있는 모든 사람들뿐만 아니라 미래적으로 아직 출생하지 않은 모든 자손에게까지 포함되는 것입니다.

"내가 이 언약과 맹세를 너희에게만 세우는 것이 아니라 오늘 우리 하나님 여호와 앞에서 우리와 함께 여기 서 있는 자와 오늘 우리와 함께 여기 있지 아니한 자에게까지이니"(14-15절)

5. 불순종에 대한 경고의 말씀을 살펴봅시다(16-21절).

불순종하는 자의 심판의 말씀에 앞서 말씀은 불순종에 대한 경계로서의 경고의 말씀을 전하고 있습니다. 곧 그 마음이 하나님 여호와를 떠나서 하나님을 거역하고 우상숭배의 죄에 빠지는 자가 되는 것과(독초와 쑥에 관한 경고), 세상의 '모든 것'(젖은 것과 마른 것)이 저주를 받는다 할지라도 자신은 평안할 것으로 여기는 자들이 될 것에 대한 경고와 경계의 말씀입니다. 여호와는 이런 자를 사하지 않으실 뿐 아니라 그 위에 여호와의 분노와 질투의 불을 부으시며 또 이 책에 기록된 모든 저주를 그에게 더하실 것이며 여호와께서 그의 이름을 천하에서 지워 버리시되 여호와께서 이스라엘 모든 지파 중에서 그를 구별하시고 율법책에 기록된 모든 언약의 저주대로 그에게 화를 더하실 것입니다.

6. 불순종한 자에 대한 심판의 말씀을 살펴봅시다(22-29절).

하나님의 경고의 말씀에도 불구하고 그 마음을 강퍅하게 하여 불순종하는 자는 하나님의 심판을 결단코 피할 수 없게 됩니다. 옛적에 소돔과 고모라, 그리고 소돔과 고모라 멸망시 더불어 함께 심판된 것을 보이는 아드마와 스보임(창 10:19, 호 11:8)의 사건은 오늘에 있어 과거의 사건이 아니라 미래의 자손들에게 있어 오늘의 재난이 되고 말 것입니다. 이러한 재난은 미래의 자손들뿐만 아니라 오늘날 열방들이 이 재난을 보고 이를 하나님과의 언약을 버리고 우상숭배한 까닭임을 보게 될 것이라고 경고하시고 있습니다. 오묘한 일은(29절) 인간에게 계시되지 않은 하나님께만 속한 일을 의미하며, 나타난 일(29절)은 예언과 말씀으로 인간에게 계시된 일로서 우리는 하나님의 주권에 대해서 겸손하게 인정하고 경외하는 마음으로 계시된 말씀의 가르침에 순종을 다하여야 하는 것입니다.

묵상

01 시대를 초월하는 하나님의 말씀에 관하여 이야기해 봅시다.

02 하나님 심판의 현재성에 관하여 나누어봅시다.

03 나의 삶 속에 말씀의 순종은 구체적으로 무엇을 의미하는 것입니까?

되새김

하나님의 심판의 말씀을 듣고도 그 마음에 두려운 마음을 갖지 못하고, 과거 이미 주어진 하나님의 심판을 보고도 그것을 그저 옛사람의 이야깃거리로 여기는 자는 하나님의 심판의 진노 앞에 놓여 있게 되는 것입니다. 옛사람의 언약은 오늘의 언약이며 옛사람들에 대한 심판을 오늘을 향한 경고의 말씀으로 듣고 두렵고 떨린 마음으로 하나님 앞에 서야 할 것입니다. 그럼 구체적으로 오늘날 우리들에게 요구하시는 하나님의 순종의 말씀은 무엇입니까?

PART

30

회개의 촉구
30장 1~20절

Key Point

이번 장은 모세의 세 번째 설교의 결론이자(27:1-30:20) 신명기 전체의 결론적인 말씀입니다. 31-34장은 신명기와 여호수아를 연결하는 교량적인 의미를 가지며 30장이 실제적인 신명기 말씀의 결론적 말씀입니다. 신명기 30장의 회개의 촉구는 전장의 저주의 선포의 목적이 무엇인지 밝힙니다. 하나님의 뜻은 모든 인생에 그 죄된 길에서 돌이켜 그의 자녀로서의 복을 누림에 있는 것입니다.

본문 이해

신명기는 1장-4장43절, 4장44절-26장, 27-30장으로 구분된 모세의 세 편의 설교입니다. 이에 30장의 말씀은 모세의 세 번째 설교의 결론이자 모든 모세의 세 편의 설교의 결론적인 역할을 합니다. 다음에 나오는 31-34장은 모세의 설교에 덧붙여져 다음에 이어질 말씀들에 대한 예고적인 성격을 가지며, 실제적인 모세의 설교와 말씀은 30장으로 끝맺음됩니다.

모세는 끝맺음으로 회개를 촉구하며 말씀의 특징을 알게 하며 마지막으로 각 사람 앞에 놓여있는 생명과 복과 사망과 화을 통하여 말씀의 준수를 권면합니다.

■ 신명기 30장의 구조적 이해
신 30:1-10: 회개의 결과로 임할 축복
신 30:11-14: 하나님 말씀의 특징
신 30:15-20: 생명과 복과 사망과 화

1. 회개의 결과로 임할 축복의 말씀을 살펴봅시다(1-10절).
1) 죄-저주-회개-축복의 과정과 그 의미를 살펴봅시다.
죄: 성경의 죄는 윤리적이고 도덕적인 범주에서 다루어서는 안됩니

다. 신앙은 물론 비윤리적이며 비도덕적이지 않으나 세상의 윤리와 도덕은 상대적인 특성을 가진 절대적인 진리와 견줄 수 있는 것이 못됩니다. 성경의 죄는 그 마음으로부터 하나님으로부터 돌이키는 것을 의미하며 이는 하나님의 뜻과 섭리에서 벗어나 어긋난 인생을 살아가는 것을 의미하는 것입니다.

저주: 이제 죄된 인생에게 하나님께서 행하시는 심판의 결과로써의 저주는 한 영혼을 영원히 망케 하시기 위한 것이 아닙니다. 그 저주는 하나의 일시적인 심판이 되어 한 영혼과 민족을 돌이키기 위한 하나님의 방편이 됩니다.

회개: 회개는 마음으로부터 말미암은 것이며 반드시 진정한 회개는 그 행위로 나타나게 되어 있습니다.

축복: 인생의 죄에서 마음을 돌이킨다면 하나님 또한 심판에서 그 마음을 돌이키십니다. 하나님의 본래의 뜻은 한 영혼을 저주케 하는 것이 아니라 그를 복되게 하시는 것이 하나님의 뜻이시기 때문입니다.

2) 하나님의 축복에 관하여 살펴봅시다.
하나님의 축복은 첫째, 그 긍휼하심으로부터 시작합니다. 이 땅에 하나님의 긍휼하심에서 벗어나는 만큼 멀리 있는 사람은 아무도 없습니다. 회개한 심령은 그 어느 곳에 있다고 할지라도 하나님의 긍휼은 그

곳에 미치며 그들의 그 심판의 자리에서 돌아오게 하시는 것입니다. 둘째, 하나님의 축복은 그들로 그 열조가 얻은 땅으로 돌아오게 하십니다. 하나님의 열조에게 향한 약속은 변개치 않는 것입니다. 하나님의 약속과 그 축복은 죄로 인해 상실된 것이 아니라 그 자리에 남아 있는 것입니다. 하나님의 축복은 이와 같은 돌아옴, 열조의 땅으로 돌아옴에 멈추지 않고 그 열조보다 더 번성케 하심으로 더욱 넘치게 하십니다. 셋째, 하나님의 축복은 돌아온 백성에게 마음의 할례를 베푸시고 그로 성품을 다하여 하나님을 사랑하여 생명을 얻게 하십니다. 우리가 돌아와 얻는 그 무엇에 축복이 있는 것이 아닙니다. 하나님을 기뻐하고 그 안에서 생명을 누리는 것에 참된 복이 있는 것입니다. 하나님께서는 진실로 이러한 일들로 회개하고 돌아오는 심령에게 허락하시는 것입니다. 넷째, 하나님의 축복은 반대적인 개념으로 대적들을 저주하심으로 나타납니다. 매는 꺾이고 자녀를 핍박하던 무리들은 저주를 당케 되어 있습니다. 다섯째, 하나님의 축복은 하나님의 기뻐하심으로 나타납니다. 하나님께서 저를 기뻐하사 인생에게 복을 내리시사 그의 범사를 복되게 하시는 것입니다.

2. 하나님 말씀의 특징을 살펴봅시다(11-14절).

하나님의 말씀은 첫째로 어려운 것이 아닙니다. 복음은 결코 유능한 학식을 요구하는 것이 아닙니다. 영접은 단지 그 마음의 문을 엶으로 말미암습니다. '볼지어다 내가 문 밖에 서서 두드리노니 누구든지 내 음성을 듣고 문을 열면 내가 그에게로 들어가 그와 더불어 먹고 그는 나와 더불어 먹으리라'(계 3:20) 따라서 복음에 관하여 어렵다고 핑계할 수 없으며 이것이 불신의 이유가 될 수 없는 것입니다.

둘째로 하나님의 말씀은 먼 것이 아닙니다. 이는 하나님의 말씀이 신비로워서 인생이 접근할 수 있는 것이 못된다고 할 수 없음을 말씀하시는 것입니다. 하나님의 말씀은 하늘에 있는 것과 같이 오묘한 것도 아니며 또한 바다 밖에 있는 것과 같이 접근 불능한 것도 아닙니다. 따라서 우리는 하나님의 말씀에 핑계할 수 없으며 그 말씀에 순종함으로 응답하여야 할 것입니다.

"오직 그 말씀이 네게 매우 가까워서 네 입에 있으며 네 마음에 있은즉 네가 이를 행할 수 있느니라"(신 30:14)

3. 말씀에 대한 순종 명령을 살펴봅시다(15-20절).

신명기 29장 1절 이하의 모압 언약의 마무리 부분이며 동시에 신명기 설교의 결론적인 부분입니다. 모세는 다시 한번 이스라엘 백성들을 향하여 하나님의 말씀에 순종할 것을 촉구하고 있습니다.

"보라 내가 오늘 생명과 복과 사망과 화를 네 앞에 두었나니"(신 30:15)

복과 저주는 우연이 주어지는 것이 아니라 그 인생이 어떠한 삶의 길을 걸어가는가로 말미암는 것입니다.

묵상

01 이 땅에서의 하나님의 심판과 종말적인 하나님의 심판과의 차이는 무엇입니까?

02 회개로 인한 하나님의 축복에 관하여 나누어봅시다.

03 하나님 말씀의 성격에 관하여 이야기해 봅시다.

되새김

하나님의 저주는 인생으로 하여금 그 죄로부터 돌이킬 것에 대한 경계의 말씀으로 주어지며 또한 죄의 심판으로 인한 저주 가운데 있는 영혼에게는 그 길에서 돌이켜 회개하고 돌이키게 하심에 목적이 있는 것입니다. 이 땅의 저주는 회개의 길이 아직 열려있음에 축복이라 아니할 수 없는 것입니다. 구원의 문이 닫히기 전에 우리는 돌이켜 복된 길로 나아가야 할 것입니다. 회개의 순간은 바로 지금 이 순간입니다.

신명기

제5부

결론
(31-34장)

PART

31

모세의 마지막 사역
31장 1~29절

Key Point

세 번의 긴 설교를 마무리하고 이제 모세는 이스라엘 백성들과 여호수아에게 격려의 말을 전함으로 자신의 사역을 마무리합니다. 하나님께서는 모세와 여호수아를 불러 이스라엘의 장래를 보이시며 증거의 노래를 짓게 합니다. 곧 모세는 율법책을 써서 전수하며 증거의 노래를 통해 그들이 장차 겪게 될 재앙을 바라보며 이스라엘에게 순종할 것을 거듭 당부합니다.

본문 이해

　앞선 모세의 세 번의 설교를 마치고 31-34장은 신명기의 결론이며 부록입니다. 31장은 모세의 마지막 사역으로 자신의 사역을 마무리하며, 32장은 모세의 노래, 33장은 모세의 축복, 34장은 모세의 죽음으로 끝을 맺습니다.

　모세는 자신의 사역을 마무리할 줄을 알았습니다. 그는 자신의 사역의 끝을 보았으며, 이제 어떻게 마무리를 하였는지를 보입니다. 모세는 자신의 죽음을 앞두고, 이스라엘 백성들과 후계자인 여호수아를 위로하며 권면합니다. 율법서를 써서 이를 전수하며, 여호와 하나님의 명령을 따라 이스라엘의 배교를 예견하며 그들을 위하여 노래를 지어 하나님의 은혜를 깨닫게 합니다. 자신의 세대를 위하여 위로하며 권면하며, 장차 올 세대를 위하여 말씀을 전수하고 노래를 짓고, 축복함으로 자신의 사역을 정리하였습니다.

■ 신명기 31장 1-29절의 구조적 이해
　신 31:1-6: 모세의 고별사- 이스라엘 백성들에게
　신 31:7-8: 모세의 고별사- 여호수아에게
　신 31:9-13: 율법서 전수와 초막절 낭송 명령
　신 31:14-18: 이스라엘의 배교 예언

신 31:19-22: 증거의 노래를 통한 하나님의 교육방법

신 31:23: 하나님의 여호수아를 향한 말씀

신 31:24-29: 율법서 보관 명령

1. 모세의 이스라엘 백성들에게 대한 격려의 말씀을 살펴봅시다(1-6절).

모세는 자신의 죽음을 얼마 앞두고 남겨진 이스라엘 백성들을 향하여 위로와 격려의 말씀을 전합니다. 자신의 죽음에도 불구하고 승리에 대한 확신으로 격려하는 이유는 하나님께서 이스라엘 백성들과 함께 하시기 때문입니다. 모세를 통한 모든 능력은 모세의 능력이 아닌 하나님의 능력인 바 자신의 죽음에도 불구하고 하나님께서 그들과 함께 하심으로 그들은 두려움 없이 그들에게 약속한 땅으로 들어가야 하는 것입니다. 또한 하나님께서 약속하시는 바 모세를 대신하여 그 후계자로서 여호수아를 통해서 하나님께서는 이스라엘 백성들을 인도하실 것입니다. 하나님께서는 이처럼 연약한 인생을 위하여 귀한 지도자를 주시사 그들로 목자 없는 양과 같이 유린하게 하시지 않는 것입니다.

"너희는 강하고 담대하라 두려워하지 말라 그들 앞에서 떨지 말라 이는 네 하나님 여호와 그가 너와 함께 가시며 결코 너를 떠나지 아니하시며 버리지 아니하실 것임이라 하고"(6절)

2. 모세의 여호수아에게 향한 격려의 말씀을 살펴봅시다(7-8절).

모세는 여호수아의 리더쉽을 세우기 위하여 여호수아를 백성들 앞에

서 격려합니다. 이처럼 하나님께서 우리들을 높이시는 이유는 우리들에게 사명이 있음을 잊어서는 안 될 것입니다. 또한 모세가 여호수아에게 가르치는 바와 같이 믿음의 지도자는 하나님께서 자신 앞서 행하심을 알고 그를 앞서지 아니하고 그를 믿으며 믿음으로 자신의 사명을 감당하여야 할 것입니다.

"너는 강하고 담대하라 너는 이 백성을 거느리고 여호와께서 그들의 조상에게 주리라고 맹세하신 땅에 들어가서 그들에게 그 땅을 차지하게 하라 그리하면 여호와 그가 네 앞에서 가시며 너와 함께 하사 너를 떠나지 아니하시며 버리지 아니하시리니 너는 두려워하지 말라 놀라지 말라"(7-8절)

3. 모세의 율법서 전수를 살펴봅시다(9-13절).

모세는 율법을 써서 여호와의 언약궤를 메는 레위 자손 제사장들과 이스라엘 모든 장로들에게 주고 명하기를 매 7년 끝 해 곧 정기 면제년의 초막절에 온 이스라엘이 하나님께서 택하신 곳에 모일 때에 이 율법을 낭독하여 남녀와 어린이와 타국인들에게까지 듣게 하고 율법을 배우고 지켜 행하며 이 말씀을 알지 못하는 자녀들에게 하나님 여호와 경외하기를 배우게 하라고 전하였습니다.

4. 하나님께서 모세와 여호수아에게 말씀하심을 살펴봅시다(14-23절).

1) 이스라엘의 배교 예언을 살펴봅시다(14-18절).

하나님께서는 모세에게 여호수아와 함께 회막으로 나아오라 부르셨습니다. 이제 그들이 회막에 섰고 여호와께서 구름 기둥 가운데에서 장막에 나타나셨습니다. 하나님께서는 모세에게 미래에 관하여 밝히 드러내시며 말씀하시기를 이스라엘 백성들에게 하나님의 말씀을 주셨음에도 불구하고 그들이 가나안 땅에 입성한 후에 하나님의 언약을 잊어버리고 우상을 섬기다가 종국에는 심판을 당케 될 것을 말씀하셨습니다.

2) 증거의 노래를 통한 하나님의 교육방법에 관하여 살펴봅시다(19-22절).
하나님께서는 모세에게 증거의 노래를 써서 이스라엘 백성들에게 가르치고 부르도록 명령하셨습니다. 이처럼 증거의 노래를 부르게 하심은 하나님께서 이 백성들의 타락을 미리 알고 미리 경고해 주시는 하나님의 사랑을 나타내며 그들로 돌이키게 하시기 위함입니다.

3) 하나님의 여호수아에게 말씀하심을 살펴봅시다(23절).
하나님께서는 이제 모세와 함께 여호수아를 세우심으로 그의 권위를 높이시며 모세의 사역을 전수받아 그 사역을 계속하게 하십니다.

"너는 이스라엘 자손들을 인도하여 내가 그들에게 맹세한 땅으로 들어가게 하리니 강하고 담대하라 내가 너와 함께 하리라"(23절)

5. 모세의 사역의 마무리를 살펴봅시다(24-29절).

모세는 율법책을 언약궤를 메는 레위 사람 즉 제사장들에게 위탁하여 언약궤 곁에 두어 증거가 되게 하였습니다. 모세는 이처럼 율법서의 위탁과 증거의 노래의 필요성을 다시 한번 역설함으로 그의 사역의 마무리합니다. 이미 광야 40년의 생활을 통해서 이스라엘 백성들의 패역함을 잘 아는 모세는 회막에서 하신 하나님의 예언의 말씀으로 그들의 패역함과 거역함으로 말미암은 재앙으로 그들의 악을 다시 한번 경고합니다.

묵상

01 모세와 여호수아의 사역을 통해 사역의 한계에 관하여 나누어봅시다.

02 믿음의 사람들이 지도자에 대해서 취하여야 할 바른 생각은 무엇입니까?

03 말씀의 전수의 중요성과 말씀 양육의 방법에 관하여 이야기해 봅시다.

되새김

이스라엘의 배교의 예언은 오늘날 우리들의 모습을 또한 보여주시는 것입니다. 이스라엘에는 이 재앙에도 불구하고 율법책의 전수가 있었으며 또한 증거의 노래를 통해 이것이 하나의 증인처럼 되어 그들의 악함을 돌아볼 수 있는 장치가 되었습니다. 그러나 오늘날 우리들에게는 어떠한 신앙적인 교육과 그 장치가 마련되어 있습니까? 말씀을 떠난 이 세대를 향한 다시 한번 말씀의 양육과 깨달음이 절실한 것입니다.

PART

32

모세의 노래
31장30~32장52절

Key Point

이번 장은 모세의 노래를 담고 있습니다. 이 명령은 31장19절에 의한 것으로 모세는 당일에 이 노래를 써서 이스라엘 자손에게 가르쳤습니다(신 31:22). 영감 받은 이 노래의 목적 또한 이스라엘로 하여금 말씀에 순종케 하심을 위한 것임을 주목하여야 합니다.

본문 이해

모세의 세 번의 설교 이후 31-34장은 신명기의 결론이며 부록입니다. 31장은 모세의 마지막 사역으로 자신의 사역을 마무리하며, 32장은 모세의 노래, 33장은 모세의 축복, 34장은 모세의 죽음으로 끝을 맺습니다.

■ 신명기 31장30-32장의 구조적 이해

신 31:30: 모세의 노래 표제

신 32:1-4: 여호와를 찬양

신 32:5-14: 이스라엘을 향한 하나님의 사랑

신 32:15-18: 이스라엘의 배교

신 32:19-25: 하나님의 진노

신 32:26-43: 이스라엘의 대적에 대한 심판

신 32:44-47: 모세의 노래 전수

신 32:48-52: 모세의 죽음 예고

1. 하나님의 사랑과 이스라엘의 배교를 살펴봅시다(32장1-18절).

이스라엘의 역사는 한 마디로 하나님의 사랑과 은혜의 역사였습니다(3-14절). 하나님의 사랑은 무조건적인 택정하심으로 말미암았으며(9절), 하나님께서는 이스라엘을 황무지에서, 짐승의 부르짖는 광야에서 만나시고 호위하시며 보호하시며 자기 눈동자 같이 지키셨으며(10절), 하나님께서 홀로 그들을 인도하셨습니다(12절). 그러나 이러한 하나님의 사랑에도 불구하고 이스라엘은 다른 신을 섬겨 하나님의 질투와 진노를 격발시켰습니다. 이처럼 모세는 이스라엘을 향한 하나님의 사랑과 그들의 죄악을 대조시킴으로써 그들로 뉘우치고 하나님께로 돌아갈 것을 촉구하고 있는 것입니다.

2. 이스라엘을 향한 하나님의 공의의 심판을 살펴봅시다(19-25절).

하나님은 이스라엘의 패역함을 품지 않으시고 그들에게 공의의 심판을 내리십니다. 그러나 이러한 심판과 재앙은 또한 그들로 돌이키게 하시는 아버지의 징계의 매가 되는 것입니다.

3. 열방에 대한 하나님의 공의의 심판과 이스라엘의 회복을 살펴봅시다 (26-43절).

이스라엘의 심판과 그 재앙에도 불구하고 이것이 대적들의 기뻐하는 바가 되는 것을 하나님께서는 원하시지 않습니다.

"혹시 내가 원수를 자극하여 그들의 원수가 잘못 생각할까 걱정하였으니 원수들이 말하기를 우리의 수단이 높으며 여호와가 이 모든 것을 행함이 아니라 할까 염려함이라"(27절)

따라서 하나님께서는 이스라엘의 심판과 그 재앙을 기뻐하는 열방에 대해서도 공의의 심판을 내리시는 것입니다. 그러나 하나님의 심판을 받은 이스라엘은 결국 회복시키시는 것입니다.

4. 율법 순종에 대한 권면의 말씀을 살펴봅시다(44-47절).

모세의 노래가 마친 후에 모세는 다시 한번 하나님의 말씀에 대한 순종을 거듭 권면합니다. 이는 모세의 노래의 목적이 무엇인지를 밝히는 것입니다. 그 안에 하나님의 사랑과 이스라엘의 배역함에 대한 대조가 있음도, 배역한 이스라엘에 대한 하나님의 심판과 이를 기뻐하는 열방에 대한 심판과 이스라엘의 회복에 대한 약속의 말씀, 이 모든 것을 통해서 말씀이 거듭 강조하는 것은 순종인 것입니다.

5. 모세의 죽음 예고를 살펴봅시다(48-52절).

모세의 노래가 마친 바로 그날에 하나님께서 모세에게 말씀하시기를 여리고 맞은편 모압 땅에 있는 아바림 산에 올라 느보 산에 이르러 하나님께서 이스라엘 자손에게 약속하신 가나안 땅을 바라보게 하셨습니다. 아론이 호르 산에서 죽어 그 조상에게 돌아간 것과 같이 그곳에서(느보 산) 모세 또한 그 조상에게로 돌아갈 것을 말씀하셨으며 이는 신 광야 가데스의 므리바 물 가에서 모세와 아론이 이스라엘 자손 중에게 하나님께 범죄하여 하나님의 거룩함을 이스라엘 자손 중에서 나타내지 아니한 까닭입니다. 곧 모세는 하나님께서 이스라엘 자손에게 주시는 땅을 바라보는 것은 허락되었으나 그 땅에 들어가는 것을 허락되지 못하였습니다.

묵상

01 나의 삶에 미친 하나님의 사랑과 하나님께 향한 나의 삶을 비교하여 봅시다.

02 나의 삶의 과정 속에서 하나님을 떠나 살았던 경험과 그에 대한 심판, 돌이
    킴 등을 이야기해 봅시다.

03 믿음의 사람을 핍박하는 자들에게 미치는 하나님의 심판에 대한 경험과 그
    로 인한 하나님의 가르침을 나누어 봅시다.

되새김

"이제는 나 곧 내가 그인 줄 알라 나 외에는 신이 없도다 나는 죽이기도 하며 살리
기도 하며 상하게도 하며 낫게도 하나니 내 손에서 능히 빼앗을 자가 없도다"(39
절) 모세의 유언과도 같은 마지막 노래를 통해서 끊임없이 들려오는 것은 주께
로 돌아가는 것이며 그 말씀에 순종하는 것입니다. 오늘 이 시간 끊임없이 순종
을 요구하시는 하나님께서 내게 하시는 말씀은 무엇입니까?

PART

33

모세의 축복
33장1~29절

Key Point

이번 장은 모세의 죽음을 앞두고 마지막 유언과 같은 모세의 축복을 다룹니다. 노아의 축복(창 9:26-27), 이삭의 축복(창 27:27-29), 야곱의 축복(창 49:1-27)과 이어지는 모세의 축복은 다른 축복과 같이 이스라엘을 향한 축복이며 동시에 예언적인 기능으로서 각 지파를 향한 장래의 계시를 나타냅니다.

본문 이해

31-34장은 신명기의 결론이며 부록입니다. 31장은 모세의 마지막 사역으로 자신의 사역을 마무리하며, 32장은 모세의 노래, 33장은 모세의 축복, 34장은 모세의 죽음으로 끝을 맺습니다.

■ 신명기 33장의 구조적 이해

　신 33:1: 모세의 축복 표제

　신 33:2-5: 여호와의 임재

　신 33:6-25: 12지파의 축복

　신 33:26-29: 여수룬의 하나님을 찬양

1. 모세의 축복의 서론을 살펴봅시다(1-5절).

하나님의 사람 모세는 죽기 전에 이스라엘 자손을 위하여 축복하였습니다. 모세는 하나님의 사람으로서 축복하였지만 그 복을 내리시는 이는 하나님이심을 모세는 2-3절을 통해서 나타냅니다. 곧 시내산에서 언약을 맺기 위하여 강림하신 하나님의 영광의 빛은 멀리 세일산과 바란 산에까지 비취었으며(2절) 이스라엘은 시내산에서 율법을 수여받았고(3-4절) 하나님께서 이스라엘의 통치자가 되시는 것입니다(5절).

2. 이스라엘 각 지파에 대한 축복을 살펴봅시다(6-25절).

1) 르우벤 지파(6절)

'르우벤은 죽지 아니하고 살기를 원하며 그 사람의 수가 적지 아니하기를 원하나이다'(6절) 종족보존의 축복으로 르우벤이 야곱의 장자이나 아비의 침상을 더럽힘으로(창 35:22) 장자권을 상실하고 탁월한 축복은 받지 못하였습니다. 야곱도 르우벤은 탁월치 못할 것을 예언한 바가 있습니다(창 49:4).

2) 유다 지파(7절)

모세의 축복에서 유다 지파는 지파 서열에 앞선 시므온과 레위보다 먼저 언급됩니다. 유다 지파의 축복은 이스라엘 왕권에 관한 것으로 모세의 축복은 '그에게 모든 백성이 복종하리로다'(창 49:10)의 야곱의 축복의 재확인하는 역할을 합니다. 이는 예언적으로 유다 지파가 이스라엘의 왕족 지파가 됨으로, 더 나아가 예수 그리스도 안에서 성취됩니다.

3) 레위지파(8-11절)

간략한 레위 지파의 역사에 대한 언급은(8-9절) 인생의 연약함에도 불구하고 저주를 축복으로 승화시킨 귀한 모범을 우리들에게 보여줍니다. 야곱의 저주가 되는 "야곱 중에서 나누며 이스라엘 중에서 흩으리로다"(창 49:7)는 말씀은 금송아지 사건에서 레위 지파가 하나님께 속하고 부모와 형제를 보지 아니함으로 축복으로 승화가 된 것입니다. 이들은 제단의 일을 하며 하나님으로부터 기업의 약속함을 받게 됩니다.

4) 베냐민 지파(12절)

베냐민 지파의 축복은 '보호'하심이 두드러집니다. 막내 지파로서 이들을 향한 안전과 보호는 역사적으로 이들의 영토가 예루살렘 성전 곁에 위치하며 남북 분열시 유다 지파에 결속되어 보호받음으로 성취됩니다.

"베냐민에 대하여는 일렀으되 여호와의 사랑을 입은 자는 그 곁에 안전히 살리로다 여호와께서 그를 날이 마치도록 보호하시고 그를 자기 어깨 사이에 있게 하시리로다"(신 33:12)

5) 요셉 지파(13-17절)

요셉 지파에 대한 모세의 축복은 야곱의 축복만큼 풍성합니다. 간략하게 유다 지파가 정치적으로 축복을 받았고 레위 지파가 종교적으로 축복을 받았다면 요셉 지파는 물질적인 축복을 받았습니다.

"땅의 선물과 거기 충만한 것과 가시떨기나무 가운데에 계시던 이의 은혜로 말미암아 복이 요셉의 머리에, 그의 형제 중 구별한 자의 정수리에 임할지로다"(신 33:16)

6) 스불론과 잇사갈 지파(18-19절)

레아의 마지막 두 아들 스불론과 잇사갈은 함께 축복됩니다.

7) 갓 지파(20-21절)

야곱의 축복(창 49:19)과 동일하게 갓 지파의 용맹성과 호전성이 예언되고 있습니다.

8) 단 지파(22절)

단은 라헬의 여종 라헬의 첫 번째 아들로서 그를 '사자 새끼'로 비유함은 단 지파의 용맹성을 보여줍니다. 창세기의 단 지파의 축복에서는 '뱀'으로 비유한 바 있습니다.

"단은 바산에서 뛰어나오는 사자의 새끼로다"(22절)

9) 납달리 지파(23절)

빌하의 둘째 아들 납달리 지파의 축복은 '풍요로움'입니다.

10) 아셀 지파(24-25)

야곱의 축복(49:20)과 마찬가지로 아셀 지파의 축복은 '많은 자손과 기름진 옥토'였습니다.

3. 모세의 축복의 결론을 살펴봅시다(26-29절).

모세의 축복의 결론은 이스라엘을 도우시는 하나님, 이스라엘의 구원자 하나님에 대한 찬양으로 이어집니다. 언제나 축복은 하나님을 향한 감사와 찬양으로 이어져야 하는 것입니다. 그리고 그 안에 누리는 행복이 진정한 축복임을 잊지 말아야 할 것입니다.

"이스라엘이여 너는 행복한 사람이로다 여호와의 구원을 너 같이 얻은 백성이 누구냐 그는 너를 돕는 방패시요 네 영광의 칼이시로다 네 대적이 네게 복종하리니 네가 그들의 높은 곳을 밟으리로다"(29절)

묵상

01   특권의 상실에 관하여 르우벤 지파를 통해 나누어 봅시다.

02   저주를 축복으로 바꾼 레위 지파에 관하여 나누어 봅시다.

03   축복의 다양성과 통일성에 관하여 이야기해 봅시다.

되새김

앞선 모세의 노래를 통한 이스라엘의 패역함과 그 심판의 재앙에 관한 말씀에 이어 모세의 축복으로써 모세의 생을 마침은 하나님의 본래적인 뜻은 이스라엘로 하여금 복되게 하심에 있음을 다시금 깨닫게 합니다. 믿음의 사람은 축복의 누림에 있어서뿐만 아니라 하나님의 사랑이 머물러 있는 한 재앙 속에서도 행복한 사람입니다. 다만 그는 돌이킬 수만 있다면 그 약속된 넘치는 축복을 누릴 수 있는 것입니다.

PART

34

모세의 죽음
34장1~12절

Key Point

신명기의 마지막 장을 이루는 이번 과는 모세의 죽음과 그 업적을 기리고 있습니다. 위대한 한 선지자는 죽었으나 그의 사역은 계속 이어지고 있으며 이러한 사역은 예수 그리스도의 대망으로 이어집니다.

본문 이해

31-34장은 신명기의 결론이며 부록입니다. 31장은 모세의 마지막 사역으로 자신의 사역을 마무리하며, 32장은 모세의 노래, 33장은 모세의 축복, 34장은 모세의 죽음으로 끝을 맺습니다.

■ 신명기 34장의 구조적 이해

신 34:1-4: 약속의 땅을 바라본 모세

신 34:5-8: 모세의 죽음

신 34:9: 여호수아 위임식

신 34:10-12: 모세의 사적

1. 모세가 자신의 죽음을 앞두고 오른 산은 어디입니까?(1절)

모세는 모압 평지에서 느보 산에 올라 여리고 맞은편 비스가 산 꼭대기에 이르렀습니다.

2. 하나님께서 모세에게 보여주신 땅은 어디입니까?(1-4절)

하나님께서는 모세에게 길르앗 온 땅을 단까지 보이시고 또 온 납달리와 에브라임과 므낫세의 땅과 서해까지의 유다 온 땅과 네겝과 종려나무의 성읍 여리고 골짜기 평지를 소알까지 보이시고 여호와께서 모세에게 말씀하시기를 이는 내가 아브라함과 이삭과 야곱에게 맹세하여 그의 후손에게 주리라 한 땅이라고 말씀하셨습니다. 하나님께서는 모세가 그 눈으로 보게 하였으나 그리로 건너가지 못하리라 하셨습니다.

3. 모세의 장사를 살펴봅시다(5-8절).

모세는 여호와의 말씀대로 모압 땅에서 죽어 벳브올 맞은편 모압 땅에 있는 골짜기에 장사되었으나 그 묘는 알려지지 않았습니다. 이는 한 사람을 영웅시하는 것을 경계하시는 하나님의 섭리라 아니할 수 없습니다. 모세는 죽을 때에 나이가 120세였으나 그 눈이 흐리지 않았으며 이는 그가 나이 많아 죽은 것이 아니라 사명이 다함으로 죽음을 보이시는 것입니다. 또한 우리는 그가 죽을 때에 눈이 흐르지 아니하고 기력히 쇠하지 아니함을 봄으로 그의 건강함을 보는 것이 아니라 그가 마지막까지 쓰임을 받았음을 보아야 할 것입니다(신 32:48). 이스라엘 자손이 모압 평지에서 애곡하는 기한이 끝나도록 모세를 위하여 30일을 애곡하였습니다.

4. 모세의 후계자 여호수아에 관한 말씀을 살펴봅시다(9절).

첫째, 모세가 눈의 아들 여호수아에게 안수하였으므로 모세의 사역은 여호수아를 통해 계속 이어지게 되었습니다. 따라서 오늘날 우리들에게 복음의 사역이 여전히 전해지는 것을 깨달아야 합니다. 둘째, 여호수아에게 지혜의 영이 충만하였습니다. 곧 하나님의 사역은 인간의 재능과 재주로 하는 것이 아니라 하나님의 영의 능력으로 하는 것입니다. 셋째, 이스라엘 자손이 하나님께서 모세에게 명하신 대로 여호수아의 말을 순종하였습니다. 곧 참된 지도자는 하나님께로 말미암으며 또한 그로 말미암아 백성들에게 인정함을 받는 것입니다. 참된 리더쉽을 위해서는 이러한 인정함을 받을 때에야 바른 리더쉽을 발휘할 수 있는 것입니다.

5. 모세의 업적을 살펴봅시다(10-12절).

하나님을 대면하여 아시던 자로 하나님께서 애굽 땅에 보내사 바로와 그 모든 신하와 그 온 땅에 모든 이적과 기사와 모든 큰 권능과 위엄을 행하게 하시매 온 이스라엘 목적에서 그것을 행한 자로 그 업적을 기리는 본문은 모세 이후에는 이스라엘에 모세와 같은 선지지가 일어나지 못하였음을 밝히므로 모세와 같은 선지자 곧 참된 왕이요 참된 대제사장이요 참된 선지자이신 예수 그리스도의 오심을 기다리게 하십니다.

묵상

01 모세가 가나안 땅에 들어가지 못함이 가르치는 교훈은 무엇입니까?

02 모세의 죽음을 통해서 얻는 교훈은 무엇입니까?

03 모세가 말한 나와 같은 선지자는 누구를 의미하는 것입니까?(신 18:15, 34:10)

되새김

사명이 있는 자는 죽지 않습니다. 살아 있다는 것은 사명이 있음을 의미하는 것입니다. 오늘의 삶에 주신 사명을 깨달아야 할 것입니다. 짧은 인생 살아가며 '진정한 상실'은 '사명의 상실'입니다. 특별히 신명기를 마치며 신명기의 주제와도 같은 순종의 촉구에 대해서 귀를 기울어야 할 것이며 참된 생명이신 예수 그리스도를 향한 영접함에 불순종하는 이 세대를 향하여 우리들에게 맡겨진 사명을 다하여야 할 것입니다.

참고도서

- Christensen, D. L. 『WBC 성경주석: 신명기(상)』. 서울: 솔로몬, 2003.
- Christensen, D. L. 『WBC 성경주석: 신명기(상)』. 서울: 솔로몬, 2003.
- Clements, R. E. 『God's Chosen People: A Theological Interpretation of the Book of Deuteronomy』. London: SCM, 1968.
- Craigie, P. C. 『New International Commentary on the Old Testament: The Book of Deuteronomy』. Grand Rapids: Eerdmans, 1976.
- Machintosh, C. H. 『신명기(상)』. 서울: 생명의 말씀사, 1999.
- Machintosh, C. H. 『신명기(하)』. 서울: 생명의 말씀사, 1999.
- Miller, P. D. 『현대성서주석: 신명기』. 서울:한국장로교출판사, 2000.
- Rad, G. V. 『국제성서주석: 신명기』. 서울: 한국신학연구소, 1986.
- 성주진. 『신명기의 언약 신학: 사랑의 마그나카르타』. 수원: 합동신학대학원출판부, 2005.
- 장일선. 『대한기독교서회 창립 100주년 기념 성서주석: 신명기』. 서울: 대한기독교서회, 1993.
- 강성열 외 14인. 『신명기』. 서울: 감리교 신학대학교 출판부, 2004.
- 목회와신학 편집부 엮음. 『신명기』. 서울: 두란노아카데미, 2008.
- 송제근. 『오경과 구약의 언약신학』. 서울:두란노서원, 2003.
- 왕대일. 『다시 듣는 토라』. 서울: 한국 성서학 연구소, 1998.
- 김서택. 『신명기 강해집: 축복의 디자인』. 서울: 솔로몬, 2007.

신명기

초판인쇄일 _ 2022년 6월 3일
초판발행일 _ 2022년 6월 3일

펴낸이 _ 임경묵 목사
펴낸곳 _ 도서출판 다바르

주소 _ 인천 서구 건지로 242, A동 401호(가좌동)
전화 _ 032) 574-8291

지은이 _ 임경묵 목사
　　　　연세대학교 신학과 졸업
　　　　장로회신학대학교 신대원 졸업(M.Div.)
　　　　장로회신학대학교 대학원 졸업(Th.M.)
　　　　현) 주향교회 담임목사
　　　　현) 다바르 말씀사역원 원장

기획 및 편집 _ 장원문화인쇄
인쇄 _ 장원문화인쇄
ISBN 979-11-974735-7-9

저작권자의 허락없이 이 책의 일부 또는 전체를
무단 복제, 전재, 발췌하면 저작권법에 의해 처벌을 받습니다.